UNIVERSALE
ECONOMICA
FELTRINELLI

GINO STRADA
Buskashì
Viaggio dentro la guerra

© Giangiacomo Feltrinelli Editore Milano
Prima edizione in "Serie Bianca" settembre 2002
Prima edizione nell'"Universale Economica" maggio 2003
Dodicesima edizione gennaio 2013

Stampa Nuovo Istituto Italiano d'Arti Grafiche - BG

ISBN 978-88-07-88142-8

www.feltrinellieditore.it
Libri in uscita, interviste, reading,
commenti e percorsi di lettura.
Aggiornamenti quotidiani

IL RAZZISMO
È UNA
BRUTTA STORIA.
razzismobruttastoria.net

A mia figlia Cecilia

1.

Gafur

Devo aver dormito profondamente, perché Koko Jalil mi scuote nel letto per svegliarmi, alle cinque e un quarto del mattino.

"Maris ast," ci sono feriti.

Apro gli occhi a fatica e vedo un castoro, con l'ombrellone e la sporta dei panini, che va allo stagno per il picnic: già, i disegni di Vauro sui muri della Pediatria, l'ospedale di Emergency a Kabul.

Mi metto a sedere sul letto per forzare il risveglio, l'angoscia è svanita, anche lo squalo dai denti aguzzi sulla parete di fronte non fa paura. La notte è passata.

"Maris ast!" ripete Koko Jalil.

Usciamo dalla corsia, di fretta verso il pronto soccorso, l'aria è fresca e il cielo sereno. A Kabul sarà una giornata di sole, e il sole farà sciogliere gli incubi e sentire più distanti le raffiche di mitra.

Sulla rampa del pronto soccorso stanno estraendo feriti da un taxi giallo. Si apre il cancello dell'ospedale: due persone entrano a passo sostenuto, trasportano a braccia un altro ferito, che perde sangue in abbondanza. Li aiutiamo.

Ha circa trent'anni e me lo trovo davanti sdraiato su una barella del pronto soccorso, la barba folta e nerissima, gli occhi scavati dal panico. È agitato, scuote la testa e suda, pallidissimo.

"Come ti chiami?"

"Gafur," risponde con un rantolo.

Lo spogliano, un frammento metallico ad alta velocità lo ha trapassato, da destra a sinistra.

"Lo abbiamo trovato qui fuori, in mezzo alla strada."

Dieci minuti e tutto è pronto per l'intervento, bisogna fermare l'emorragia.

Ma in sala operatoria le cose non vanno bene. Il fegato ha uno squarcio esteso, bisogna asportarne una parte, il rene destro è tagliato in due e anche gli intestini e lo stomaco sono pieni di buchi.

"La pressione non sale e urina poco. Per quanto ne hai ancora?" mi chiede Muftakhar, l'anestesista.

"Molto."

Gafur non sta più perdendo sangue, ha già ricevuto abbondanti trasfusioni. Ma non migliora.

È il primo paziente che viene operato, dopo la riapertura dell'ospedale.

Una pinza emostatica, poi un'altra, tanti lacci da annodare, per legare decine di piccoli vasi sanguigni. Opero in silenzio, lo strumentista capisce ogni volta quel che mi serve.

Gafur. Un civile? Un talebano? Un terrorista? Un mujaheddin?

Soltanto un uomo.

Che probabilmente morirà oggi, 13 novembre, prima vittima nella Kabul "liberata", una delle tante vittime di questa storia cominciata il 9 settembre 2001.

2.
Notizia di agenzia

Scorro i titoli dei quotidiani, affidando al terzo caffè il compito di riportarmi alla vita di relazione, quando arriva, nella sede di Emergency a Milano, una notizia di agenzia: "Afganistan: Vivo o morto? mistero su comandante Massud (Ansa) – Islamabad, 10 set. – Si tinge di giallo la sorte del leader dell'opposizione afgana ai talebani, Ahmad Shah Massud, ieri vittima di un attentato".

Contattiamo subito il nostro staff in Panchir. "Non abbiamo notizie sicure, circolano molte voci," dice il dottor Afan, "una bomba, sembra."

Un attentato a Massud? Fatico a crederlo.

Proviamo con l'Alleanza del Nord per avere notizie di prima mano, raggiungo per telefono Younus Qanouni, il ministro dell'Interno.

"Hanno cercato davvero di assassinare il comandante Massud?"

"Sì, ma non ci sono riusciti, il nostro amico è solo ferito."

Una pausa.

"E come sta?"

"Sta bene, Gino, non ti preoccupare."

"Se possiamo fare qualcosa..."

"È già venuto da me uno dei vostri, se ci sarà bisogno ve lo diremo subito. E tu, quando torni in Afganistan?"

"Tra poco."

"Ti aspettiamo."

"A presto, e salutami Massud."

Mi sento meglio, per tanti motivi. Potrei dire che la situazione politico-militare in Afganistan si complicherebbe molto con la morte di Massud, e sarebbe vero. Ma la vera ragione è un'altra: sono contento che Massud sia vivo.

L'avevo conosciuto nella primavera del 1999, durante un sopralluogo nel nord dell'Afganistan per verificare la possibilità di aprire un ospedale nella regione.

Alto, dinamico, di poche parole, sguardo magnetico e grandi mani che mi avevano ricordato quelle di mio padre, Massud era comparso all'improvviso nel piccolo ufficio dell'Alleanza a Bazarak.

Andava sempre di fretta, il cappello marrone obliquo sulla testa fino a coprire l'orecchio, giacca e calzoni militari, scarponi e il sorriso pronto.

Ci aveva ricevuto con calore, parlando in modo preciso e pacato, mai toni alti: c'era in lui il carisma naturale del leader, trasmetteva sicurezza e insieme dava ordini. Ascoltava attentamente, distogliendo lo sguardo solo per prendere appunti e lasciando sfogo, a volte, a un tic che gli faceva sollevare la spalla e ruotare il collo.

Non era stato difficile intendersi con Massud, bastava essere sinceri e mantenere le promesse.

Ci eravamo lasciati a metà marzo, appuntamento a settembre, per incominciare i lavori dell'ospedale. Avevamo scelto Charikar, nella piana dello Shomali, 65 chilometri a nord di Kabul e 25 dalla linea del fronte che divideva l'Alleanza del Nord dai talebani.

Poi, a fine luglio del 1999, le forze talebane avevano sfondato le linee nello Shomali, avanzando fino all'imbocco della valle del Panchir, e i mujaheddin si erano ritirati.

La telefonata di Teresa mi aveva raggiunto a Erbil, nel nord dell'Iraq: "La popolazione sta scappando, ci sono già decine di migliaia di profughi. È una grande offensiva, l'Alleanza del Nord si è ritirata in Panchir e sembra in difficoltà a contenere l'avanzata dei talebani, dobbiamo andare in Afganistan, c'è bisogno subito".

Messaggio chiaro, addio vacanze in agosto.

Così ero partito dall'Iraq, Kate aveva smesso di spalmarsi creme al sole della Grecia, dove era arrivata tre giorni prima, per diventare la responsabile di Emergency per l'Afganistan; Sergio, anestesista, aveva rinunciato alle nuotate a Stromboli. Con i nostri amici curdi Hawar e Atta ci eravamo riuniti tutti a Dushambè, l'orrenda capitale del Tagikistan.

Da lì, dopo alcuni giorni, con un elicottero dei mujaheddin avevamo raggiunto il Panchir.

Fu allora che incontrammo per la seconda volta Ahmad Shah Massud, in una casa isolata della valle, allora traboccante di sfollati.

Avevamo tante cose da discutere: come poterci rendere utili, come dare una mano ai centocinquantamila disperati allo sbando – tanti erano diventati in pochi giorni – accampati lungo le rive del fiume o sotto i rottami dei carri armati e dei blindati russi con vent'anni di ruggine.

E l'ospedale, dove costruirlo adesso?

Eravamo andati a Charikar, per capire la situazione.

A Jabul Seraj una cinquantina di carri armati del generale Bismullah Khan, tra i più fidati luogotenenti di Massud, stavano schierati sul costone, i cannoni verso la pianura.

La strada per Charikar, una delle poche asfaltate del paese, che dal Tagikistan scende al passo di Salang per poi piegare verso Kabul, era stata a lungo martellata dai razzi. Anche il ponte sul fiume presso Matak era stato colpito, e i mujaheddin avevano costruito un passaggio un po' precario appena a lato, utilizzando pezzi di veicoli per il trasporto dei carri armati e rottami di autoblindo.

Avevamo proseguito non senza ansia, il nostro autista sempre vigile a scrutare il profilo delle montagne alla nostra destra: "Taleban ungia ast, bum bum", lassù ci sono i talebani, e sparano.

La popolazione era scappata da Charikar, troppo esposta ai razzi talebani. Niente da fare, impensabile mettersi a costruire un ospedale sotto i bombardamenti, in una città fantasma.

Bisognava riparlarne con Massud.

Era stato molto contento di saperci lì, in un momento tanto difficile. Il nostro arrivo lo aveva in qualche modo sorpreso, non si aspettava che avremmo mantenuto la promessa così presto.

Avevamo preso il tè e chiacchierato a lungo nel salone di Dolonsan, forse il Comandante si stava prendendo un attimo di relax. I suoi mujaheddin avevano riconquistato le posizioni nello Shomali, ma la piana era ormai abitata più da rovine e case incendiate, da mine e razzi inesplosi, che non da famiglie di contadini.

I civili, senza cibo né un posto per dormire, avevano invaso la valle, in fuga dalla guerra.

"L'ospedale deve essere in un luogo sicuro, all'interno della valle, Anabah andrebbe benissimo," ci aveva infine consigliato Massud, poco prima di salutare me e Kate con una stretta di mano e scappare per una riunione con i suoi comandanti.

Ahmad Shah Massud, "il Leone del Panchir", è un mito per molti afgani, persino per molti dei suoi nemici: l'attentato deve essere stato un colpo terribile per la gente del Panchir, e non solo.

Le notizie dall'Afganistan mi tranquillizzano un po', ma il Comandante ferito mi evoca spesso ricordi durante la giornata.

Erano quasi le dieci di sera, verso l'inizio di ottobre del 1999, quando era venuto a trovarci per la prima volta, all'improvviso, nella nostra casa in Panchir.

Stavamo chiacchierando con alcuni amici afgani, una decina di persone sdraiate sulle stuoie e i cuscini della sala da pranzo, quando era entrata una delle guardie.

"Tra un quarto d'ora arriva il comandante Massud," aveva detto con una certa emozione.

"Qui?"

"Sì, qui, ce l'hanno mandato a dire quelli della sicurezza."

Ci eravamo guardati in faccia stupiti, poi era scoppiata una grande risata.

"Chissà cosa avranno capito," aveva detto Atiqullah, e aggiunto: "Massud non ha mai fatto visite private a nessuno, tanto meno a un'organizzazione di stranieri".

Così avevamo liquidato la guardia con un "va bene" di compatimento, e versato un altro goccio di vodka.

Dieci minuti dopo era comparso Haji Rahim, che conoscevamo per essere un fedelissimo di Massud, e allora Kate era scattata in piedi e aveva dato la carica: in pochi minuti la tavola era stata sparecchiata, le finestre spalancate – il Comandante non tollera il fumo –, i cuscini rimessi in ordine. E poi un fiore sul tavolo, uvette, acqua di sorgente, ceci secchi e le mandorle ricoperte di zucchero. In cinque minuti il nostro bivacco era diventato una sala da tè della Londra d'altri tempi.

"È arrivato."

Ero uscito in giardino per andargli incontro, e me lo ero trovato davanti, nella penombra.

"Al salam alekkum," la pace sia con te.

"Alekkum al salam."

"Sono passato a salutarvi e a vedere come state. Mi hanno detto che la costruzione dell'ospedale procede bene."

Abbiamo chiacchierato, discusso, scherzato per quasi due ore. Ed è stato bello sentire le risate sincere di Massud, divertito da alcune storielle di peripezie capitateci nei giorni precedenti.

Così ho cominciato a conoscere, e ad apprezzare, il Leone del Panchir, l'uomo che aveva sconfitto i sovietici, il leader che aveva combattuto per anni i fanatici di Hekmatyar, l'ultimo ostacolo a un Afganistan tutto talebano. Da allora c'è, nel nostro rapporto, stima e simpatia reciproca, una strana amicizia.

Mi piaceva starlo ad ascoltare, vedere come era cambiato Massud dopo vent'anni di guerra, come la pensava adesso sulla società, sul mondo, sui diritti umani. E sulla guerra.

"Sarebbe molto bello riuscire a fare qualcosa per le donne di qui. Ma per favore," mi aveva raccomandato un giorno, "non facciamo chiacchiere sui diritti delle donne: diamo loro lavoro e istruzione." Ero rimasto di sasso.

Massud che dice queste cose, che bisogna mettere in pratica, costruire i diritti umani, anziché chiosarli o declamarli?

"Abbiamo assunto una quindicina di donne per la sartoria dell'ospedale, e si sono presentate già sei infermiere," era stata la replica di Kate. "E in ospedale è vietato portare il burqa," avevo aggiunto io.

Massud era scoppiato in una risata: "Bisior khub", molto bene.

Mentre riaffiorano i ricordi tra una riunione e l'altra nella sede di Milano, sono già le sette di sera. È il 10 di settembre. Prima di uscire, telefono ancora in Afganistan, al ministro Qanouni.

"Sono Gino, allora come sta? Le agenzie di stampa sono sempre più confuse e contraddittorie."

"Meglio, gli ho parlato al telefono dieci minuti fa."

"Serve qualcosa?"

"Non per il momento."

"Va bene, ti richiamo domani."

Né io né mister Qanouni potevamo immaginare che il giorno dopo ci saremmo risentiti in un mondo diverso.

3.
Sciacalli vecchi e nuovi

Il fumo, le fiamme, la polvere che ricopre la città, il panico sui volti dei sopravvissuti, il crollo. Il World Trade Center non c'è più, migliaia di persone spariscono tra le macerie, mescolate ai mobili degli uffici, ai documenti bancari, alle macchine fotografiche dei turisti.

Resto inchiodato per ore alla Cnn a guardare l'orrore in diretta.

Chiunque di noi avrebbe potuto trovarsi lì.

Cecilia aveva tre anni quando l'ho portata per la prima volta a New York. In cima al World Trade Center, la tenevo in braccio a guardare la città dall'alto, incollata alla vetrata da dove anche i grattacieli sembravano piccoli piccoli. Ci saranno stati molti altri bambini in cima alle torri oggi, 11 settembre 2001.

Manhattan colpita a morte, e non è un film.

Questa volta ci sono riusciti. Il World Trade Center, lo stesso obiettivo del 1993. Allora, il piano dei terroristi era di far cadere, con una potente bomba nel garage sotterraneo, una delle torri addosso all'altra, per provocare – stimavano – ventimila morti nel cuore di New York. Qualche errore e un po' di "sfortuna": sei morti e un migliaio di feriti.

Adesso, purtroppo, ce l'hanno fatta.

Mentre il Boeing 767 della United Airlines trapassa la torre sud come in un videogioco, mi torna un vago ricordo, avevo letto qualcosa di simile.

Come si chiamava quel libro? Ci sono, *The New Jackals*, i nuovi sciacalli. Lo cerco tra i molti volumi collezionati negli anni scorsi sul terrorismo internazionale, sul mondo islamico e sull'Afganistan. Eccolo qua: i tecnici dei servizi segreti americani avevano lavorato a lungo – si racconta nel libro – sul computer di Ramzi Youssuf, l'organizzatore dell'attentato del '93. Alla fine erano riusciti a entrare in un file molto protetto, e avevano scoperto il Bojinka Plot.

Bojinka in serbo-croato significa "esplosione". Cinque terroristi, agendo indipendentemente, dovevano mettere bombe su altrettanti aerei di compagnie americane, la United e la Northwest, e farli esplodere in volo.

Evidentemente il piano è stato elaborato, adattato nel corso degli anni. Oggi gli aerei sono stati usati come missili in attacchi suicidi su New York e sul Pentagono.

Che cosa starà pensando in questo momento Ramzi Youssuf, nel carcere dove è rinchiuso da alcuni anni? "Mi accusate di essere un terrorista. Sì, lo sono," aveva detto ai giudici americani durante il processo del 1997, "e ne sono orgoglioso. Voi avete inventato il terrorismo, e le bombe sono l'unico linguaggio che capite."

Le rovine delle torri gemelle stanno ancora fumando, e per la prima volta la Cnn pronuncia il nome che molti stanno aspettando, Osama bin Laden.

"La risposta degli Stati Uniti non si farà attendere," assicurano i portavoce della Casa Bianca nelle prime conferenze stampa.

Neanche di fronte al macello, alle urla e alle invocazioni di aiuto di chi sta per morire, la specie umana è capace di fermarsi, di riflettere. Ci sono ancora persone a brandelli là sotto, non sappiamo ancora quanti stanno agonizzando tra le macerie di New York, e già c'è chi pensa a un nuovo macello.

Moriranno altri innocenti.

Chi sono le migliaia di sepolti sotto le torri gemelle o tra le rovine del Pentagono, qual è la percentuale di vittime civili? E qual è stata nei conflitti degli anni precedenti? Quanti innocenti sono morti a Sarajevo e a Belgrado, a Mogadiscio e a Baghdad, a Tel Aviv e a Gaza e in tutti gli altri luoghi di guerra del pianeta?

Nove volte su dieci, in ciascuna delle guerre di oggi, quel proiettile o quel razzo, quella bomba o quella mina hanno colpito un bersaglio incolpevole.

Sono innocenti le vittime sepolte sotto le macerie delle torri. Saranno altrettanto innocenti le vittime che già si programmano tra gli afgani, colpevoli di essere stati invasi dai miliziani di Osama bin Laden.

Ci sono molti amici in casa, che vanno e vengono fino a notte fonda. I telefoni non smettono di suonare. Sono teso, stanco.

La pietà per le vittime si mescola alla rabbia quando iniziano i "commenti televisivi".

Non sopporto le chiacchiere di molti politici che hanno già

capito tutto, individuato buoni e cattivi, e pontificano sul da farsi. So benissimo, tra l'altro, che per molti di loro Osama fino a stamattina poteva essere indifferentemente una città del Giappone o una marca di preservativi.

Eppure sono già in onda, specialisti nell'indignarsi, perfino nel piangere se conviene farlo, pronti a tutto fuorché a capire. Orgogliosi della guerra, nostalgici della prima linea, non li sfiora neppure il dubbio che la guerra sia la più grande vergogna della specie umana, una specie talmente poco sviluppata da non riuscire ancora a trovare, dopo millenni di storia, un modo per risolvere i propri problemi che non sia l'autodistruzione.

Una specie violenta, che benedice la violenza individuale e di stato, che pratica la violenza come deterrente psicologico, che gode del proprio essere violenta. Una specie capace di dare dignità di pensiero a bestialità quali "alla violenza si risponde con la violenza".

Domani, ne sono certo, i politici leggeranno dieci righe su qualche quotidiano – forse un box con la mappa del terrorismo islamico – e saranno convinti di conoscerne abbastanza per poter fare dichiarazioni infuocate, lanciare anatemi, promettere vendette e, quel che è peggio, prendere decisioni politiche.

"Li staneremo col fumo dai loro buchi," tuona Bush. Non si sa chi debba essere stanato, ma questo è per lui un dettaglio. "Colpiremo i responsabili e gli stati che li proteggono."

Ci risiamo, davvero.

L'Afganistan sarà il bersaglio, ne sono certo, o almeno il primo bersaglio: ne seguiranno altri, forse anche Baghdad finirà bombardata.

Quando la Cnn, a mezzanotte ora italiana, manda in onda bagliori notturni nel cielo di Kabul, il telegiornalista si chiede in diretta: "È già iniziata la risposta americana?".

Da più di vent'anni vi sono esplosioni quasi tutte le notti, a Kabul, ma lui lo ignora, perché la Cnn non gliele aveva mai fatte vedere.

In vent'anni, quasi due milioni di afgani hanno potuto tranquillamente morire per le bombe o per le mine, per il freddo o per la fame. Due milioni di morti sono stati un dettaglio trascurabile per la Cnn, per molti anni non hanno meritato copertura mediatica. Questa volta, invece, è interessata a quel che succede in Afganistan.

Basta mezzora per chiarire l'equivoco: nessuna risposta americana, le esplosioni di Kabul – in cui con ogni probabilità qualcuno sarà stato fatto a pezzi – non c'entrano. E allora spariscono dai notiziari, per dare spazio al giornalismo vero, quello che mostra Bush e signora scendere dall'elicottero con i due cagnolini al guinzaglio, per rassicurare gli americani che il presidente c'è ancora, che è lì a proteggerli dal nemico.

Basta, è ora di spegnere la televisione. Cammino avanti e indietro nel soggiorno, sento lo sguardo di Cecilia.

Mi bastano poche parole con lei, come sempre ha capito: "Hai già deciso di tornare subito in Afganistan, vero?".

"Ne discuteremo domani mattina." Abbiamo convocato una riunione in sede per le undici.

Prima di dormire dedico un paio d'ore a litigare con Teresa.

Ha paura, dice, non sa bene di che cosa, ma non ne può più. Domattina però, ne sono certo, sarà lei a convincere gli altri che bisogna far presto a raggiungere i nostri negli ospedali di Kabul e di Anabah.

4.
Scontro di civiltà

Esco di casa poco dopo le otto, prima sosta all'edicola. "Attacco all'America e alla civiltà," si legge a nove colonne su un importante quotidiano nazionale.

Non si sa ancora quanti siano i morti, né chi li abbia ammazzati e perché, e già qualcuno ha sentenziato che sotto attacco è la civiltà.

Perché questo salto logico?

Sotto attacco sono, questa volta, gli Stati Uniti d'America, questo è fuori dubbio. Ma che cosa c'entra la civiltà? Ci sarebbe stata l'ultima parola del titolo se un terribile atto di terrore avesse fatto migliaia di morti a Mosca o a Vienna, a Oslo o a Pechino?

"Siamo tutti americani," proclama l'articolo di fondo. Non si sta solo esprimendo cordoglio e solidarietà alle famiglie delle vittime o alla città di New York così brutalmente ferita. No, quel che si vuol dire con quel titolo è che noi tutti siamo da quella parte lì, che saremo partecipi di qualsiasi avventura, di qualsiasi risposta gli Stati Uniti decideranno come rappresaglia.

"Siamo tutti americani," così perentorio e totalizzante. A suggerire che, essendo sotto attacco la civiltà ed essendo noi civili, ci sentiamo, anzi siamo tutti americani.

"Attacco terroristico a New York: migliaia di morti," sarebbe stato un titolo meno a effetto, ma più vero e onesto, mi dico mentre raggiungo la sede.

La nostra riunione dura a lungo, parliamo di Afganistan.

Sembra scontato, dalle dichiarazioni che le agenzie di stampa trasmettono a getto continuo, che ci sarà un attacco militare contro l'Afganistan.

Discutiamo la possibilità che i talebani possano sganciarsi

dagli stretti legami con Osama bin Laden e accogliere le richieste degli Stati Uniti in modo da evitare l'attacco.

Il governo di Kabul, nonostante le apparenze, non è certo un blocco monolitico. Non che si possano identificare talebani liberal, però vi sono pochi dubbi che il ministro degli Esteri sia diverso da quello per la Prevenzione del vizio e la Promozione della virtù. Avendoli conosciuti entrambi, ne sono certo.

Ma le differenze interne al regime talebano non sembrano così marcate da poter competere con l'influenza di Osama bin Laden e di tutto quel che fa capo a lui. Così l'ipotesi che i talebani possano consegnarlo ci pare improbabile, come le possibili soluzioni diplomatiche di estradizione a un tribunale internazionale equilibrato, se non neutrale.

Inutile illuderci, basta ascoltare radio e televisioni, e leggere i giornali. Le fanfare della guerra sono in azione, anzi tutta l'orchestra sta già suonando.

Si andrà a una nuova guerra, o a un nuovo capitolo di una guerra antica.

Comunque si decida di chiamarla, una cosa è certa: moriranno molti altri esseri umani, e andranno a ingrossare la moltitudine delle vittime civili delle guerre degli ultimi cinquant'anni, le ultime migliaia solo ieri a New York.

Bombarderanno l'Afganistan, anzi gli afgani, è la conclusione cui arriviamo. Un popolo di pastori e contadini, che negli ultimi anni ha dovuto subire il giogo dei talebani, un'accozzaglia di invasori per la maggior parte stranieri, nell'indifferenza del resto del mondo, anche della "civiltà".

Se non abbiamo sbagliato le previsioni, da questo momento in Afganistan c'è ancora più bisogno di Emergency.

Perché a Kabul c'è uno dei nostri Centri chirurgici per vittime di guerra. L'ospedale più bello e meglio fornito dell'Afganistan. Ma chiuso, dal 17 maggio del 2001.

Una decisione presa a Milano immediatamente dopo che l'ospedale era stato aggredito dalla polizia religiosa dei talebani, gli uomini del ministero per la Prevenzione del vizio e la Promozione della virtù.

Due ore dopo che il nostro staff internazionale e afgano era stato picchiato, arrestato e minacciato con le armi, avevamo deciso di chiudere temporaneamente l'ospedale. Era stata una scelta difficile e sofferta, avevamo lavorato un anno per farlo nascere.

Ma allora avevamo creduto – e ne siamo ancora tutti convinti – che fosse necessario lanciare un messaggio chiaro, inequivocabile al regime dei talebani: non tolleriamo che il nostro staff sia trattato con la frusta. Né tolleriamo che l'aggressione sia av-

venuta in seguito al nostro reiterato rifiuto di violare – per conto del ministero della Sanità – diritti umani all'interno dell'ospedale, soprattutto i diritti delle donne.
Non accettiamo queste condizioni.
Quando siamo in un paese straniero, il rispetto di culture e tradizioni locali ci pare doveroso, ma il limite dei diritti umani deve essere invalicabile. Altrimenti saltano le regole della convivenza civile.
Due giorni dopo la chiusura dell'ospedale, avevamo però iniziato una serrata trattativa diplomatica con le autorità di Kabul.
Abbiamo fatto molti passi avanti da allora, una soluzione sembra in vista, ma l'ospedale è ancora chiuso, per le continue intransigenti richieste del ministro della Sanità di Kabul che ne vorrebbe il controllo totale.
Incredibile, il ministro mullah Abbas Akhund. Capace di organizzare, due mesi dopo aver ordinato l'aggressione all'ospedale di Emergency, una tre giorni di riunioni e banchetti, con funzionari dell'Onu venuti anche dall'estero, e organizzazioni internazionali e donatori, per definire il piano sanitario nazionale. E di far inaugurare il Convegno, tenutosi all'Hotel Intercontinental di Kabul con altoparlanti all'esterno a trasmettere in diretta a folle inesistenti, al ministro della Polizia religiosa, mullah Wali.
Non eravamo tra gli invitati, e avremmo in ogni caso cortesemente declinato, ma i nostri osservatori ci hanno riferito che il discorso di mullah Wali era iniziato esattamente così: "Il mio ministero lavora in stretta collaborazione con il ministero della Sanità. Potremmo perfino dire che non si tratta solo di collaborazione, che in realtà siamo la stessa cosa. Perché facciamo la stessa cosa: loro si occupano della salute del vostro corpo e noi di quella della vostra mente".
Aveva continuato, con i funzionari delle varie agenzie dell'Onu a prendere appunti, elencando le regole da seguire per una buona igiene mentale e i comportamenti da tenere, senza omettere di inneggiare al pestaggio nel nostro ospedale, "punizione esemplare" per i viziosi, per concludere con un monito ai presenti: "Non fate come Emergency". Amen.

Fortunatamente, e non solo per noi, mullah Abbas ha perso un po' di potere negli ultimi tempi.
"Adesso dobbiamo fare ogni sforzo per riaprire l'ospedale di Kabul il prima possibile, e inviare altro staff internazionale," sono le ragionevoli conclusioni di Teresa al termine della riunione.
Chiamo il ministero degli Esteri a Kabul.
Il viceministro degli Esteri dei talebani, Abdul Rahman

Zaheed, risponde molto cordiale e rilassato: "La situazione qui è tranquilla, non c'è alcun problema".

Sì, ha saputo "dell'incidente a quegli alti edifici a New York", ha usato proprio queste parole, ma la cosa non sembra preoccuparlo molto.

La nostra proposta a Zaheed è semplice: mettiamo le divergenze nel cassetto. Di fronte alla possibilità di un nuovo disastro umanitario in Afganistan, la cosa più importante è garantire assistenza alle vittime. "Se siete d'accordo, veniamo subito a Kabul e riapriamo l'ospedale. Ne riparleremo, dei nostri problemi, fra tre mesi."

Forse allora saremo tutti diversi.

Abdul Rahman Zaheed non sembra sorpreso, capisce il messaggio.

"Io sono d'accordo, si può fare," dice.

"Bene, allora partiamo al più presto."

"Gino, vieni anche tu a Kabul?"

"Certo."

"E lo staff internazionale?"

"Tre sono già lì, sposteremo qualcun altro dal Panchir, con me e Kate sarà un buon team."

"Va bene, vi aspetto a Kabul. E grazie."

Dalla sede di Milano, Rossella contatta Kate. Inglese, di enorme esperienza, Kate è con noi da anni. Da qualche giorno è in vacanza.

"Allora partiamo oggi?" C'era da aspettarselo, impossibile tenere Kate lontana dall'Afganistan, almeno nei periodi critici.

"Stiamo cercando un percorso possibile. La British Airways ha già cancellato i voli per il Pakistan."

"Va bene, ci sentiamo più tardi, intanto mi preparo."

5.

Fuga da Kabul

Ancora una notizia: "Attacco a Usa: Onu considera ritiro personale da Afganistan. (Ansa-Reuters) – Kabul, 12 set. – Le Nazioni unite stanno considerando l'ipotesi di ritirare il proprio personale dall'Afganistan, dopo che gli attacchi terroristici di ieri contro gli Stati Uniti hanno fatto salire il timore di un attacco americano. Alcune organizzazioni umanitarie hanno fatto sapere che propri dipendenti stanno per lasciare l'Afganistan con un volo speciale dell'Onu previsto per metà giornata".

Molti, anche all'interno delle Nazioni unite, sono convinti dell'imminenza di un attacco militare, e la risposta è l'evacuazione.

Eppure il 12 settembre è un giorno come un altro in Afganistan, miserie e lutti quotidiani che si ripetono da un quarto di secolo.

E allora, perché evacuare?

I bisogni non mancano.

Quando si spara e si bombarda, la gente scappa, se può e se ci riesce. La gente, non i terroristi. Non si conosce atto di guerra senza rifugiati, senza sfollati, senza gente che fugge a piedi e a mani nude. E perché l'Unhcr, l'Alto commissariato delle Nazioni unite per i rifugiati, dovrebbe evacuare?

Non si incontrano mai, nei paesi in guerra, folle di gente ben pasciuta o sovrappeso, anzi la gente ha fame, tanta, arretrata. La fame è stata usata come arma, da molti, per distruggere il nemico. La fame – che non si voglia garantire da mangiare a tutti gli uomini è un'altra delle vergogne della specie umana – accompagna sempre la guerra, vanno a braccetto. E perché il Wfp, il Programma alimentare mondiale, dovrebbe evacuare?

Guerra vuol dire morti e feriti, mutilati e malattie, ed epidemie. Quanta gente muore per la malattia-guerra? Quali sono gli effetti della guerra sulla salute degli esseri umani? La guerra è la più devastante delle tragedie sanitarie. E perché il Who, l'Organizzazione mondiale della Sanità, dovrebbe evacuare?

E i bambini? I bambini per i quali si chiedono soldi a tutti, perché rappresentano il futuro. Quanti bambini sono distrutti dalla guerra, morti o mutilati, orfani o bambini-soldato, mendicanti o schiavi, o più semplicemente senza una scuola né un posto dove giocare? Un'enormità. In ogni guerra, i bambini sono ancora più a rischio degli adulti. E perché l'Unicef, il Fondo delle Nazioni unite per l'infanzia, dovrebbe evacuare?

E poi Unocha, agenzia di recente invenzione. Sembrerebbe proprio ragionevole pensare che i bisogni umanitari durante la guerra si facciano più drammatici, e che un miglior coordinamento degli aiuti si renda quanto mai necessario, forse cruciale. E perché Unocha, l'Ufficio delle Nazioni unite per il coordinamento delle attività umanitarie, dovrebbe evacuare?

Perché tutti si stanno preparando a evacuare?

Cerco di parlarne con Rossella, ma il suo ufficio sembra un'agenzia di viaggi, e lei sta annaspando tra gli opuscoli di varie linee aeree, per farci arrivare il giorno dopo in Pakistan. Non ha tempo per conversare.

Non ci sono più voli dall'Europa per Islamabad, anche la Pakistan Airlines ha cancellato. Ma Ross non molla, e alla fine la soluzione salta fuori: Milano, Zurigo, Dubai, Karachi e infine Islamabad, con un volo interno della Pakistan Airlines.

Splendido, si può partire domani, informiamo Kate.

Alle sei del pomeriggio ci riuniamo di nuovo per fare il punto sulla situazione.

L'organizzazione del viaggio è a posto, i documenti necessari sono in ordine, abbiamo anche un nuovo modello di telefono satellitare portatile, come un telefonino un po' ingombrante ma che fa di tutto, compreso dare posizione e altitudine a cui ti trovi.

Ci scambiamo le ultime notizie, presidenti e dittatori e primi ministri che fanno la voce sempre più grossa, commentiamo le dichiarazioni dei talebani e arriviamo alla questione centrale: condizioni e garanzie di sicurezza a Kabul.

Le nostre case nella capitale afgana sono vicine all'ospedale, due minuti di auto. Una via tranquilla a fondo cieco in uno dei quartieri residenziali di Shar-i-Nau, molte ambasciate e ministeri. Non c'è passaggio davanti alle nostre anonime abitazioni, il che è molto utile di giorno. La sera, con il coprifuoco, di gente in giro non ce n'è proprio.

L'unico difetto è che di fronte a noi si sono installati da qualche tempo vicini indesiderabili.

Occupano quattro case che usano come guest house di ritorno dal fronte. Il nostro insuperabile Jalil mi aveva fatto un censimento tre mesi prima: "Ci abitano a turno gente di Al Qaeda, sauditi, e poi c'è un gruppo di ceceni e uno del Qatar, dei magrebini e alcuni tagiki".

Tutta gente che è qui per la jihad, già da un po' di anni.

Come reagirebbero, ora, alla presenza di europei?

Il nostro staff internazionale in questi giorni a Kabul è tutto curdo: sono anche loro musulmani, parlano *farsi* e arabo. In caso di bisogno, probabilmente sarebbero i primi a tirarsi fuori dai pericoli, e quasi sicuramente non sarebbero identificati come nemici.

Sarebbe lo stesso per Kate, inglese e donna?

Discutiamo una serie di potenziali problemi di sicurezza e le possibili precauzioni.

Alla fine raggiungiamo una sola conclusione certa. Che la situazione sta evolvendo troppo velocemente, un'ora dopo l'altra, per consentire adesso una valutazione realistica del rischio. Ne riparleremo dal Pakistan, dopo che Kate e io avremo raccolto informazioni più precise.

Chiamo l'ambasciatore italiano a Islamabad per informarlo del nostro arrivo. Non è un gesto formale, l'assolvimento di un obbligo: Gabriele De Ceglie è un amico, prima ancora che uno straordinario diplomatico.

L'avevo conosciuto a Islamabad, era arrivato da poco, e ben presto ero andato a chiedergli aiuto: poteva darci una mano nella trattativa per la riapertura dell'ospedale?

Nessuno lo avrebbe rimproverato, se avesse deciso di prendersela con calma. In fondo quella non era roba da ambasciatori. Si trattava solo di far riaprire un ospedale, mica di piazzare prodotti italiani.

Invece no, l'ambasciatore De Ceglie era venuto due volte a Kabul, in una situazione molto tesa, per aiutarci.

E aveva visto l'ospedale, bellissimo ma senza pazienti. E aveva conosciuto il nostro staff. Gente normale, brave persone, quasi tutti poveri, molti mutilati, che mantenevano in ordine l'ospedale anche durante la chiusura, perché fosse pronto a ripartire.

Era diventato un amico lì a Kabul, aveva capito la tristezza di noi tutti nello stare in un ospedale vuoto, la frustrazione, la rabbia, la voglia di andare avanti.

Gentile sempre, pronto ad ascoltare e a mediare, ma risoluto e irremovibile, quasi minaccioso nella difesa dei diritti. Non dei propri, si intende. Emergency deve molto al lavoro di Gabriele De Ceglie a Kabul.

Da allora, per quanto mi riguarda, ogni sosta a Islamabad prevede una serata insieme. La compagnia è sempre squisita, la conversazione interessante e la cena particolarmente gradita: il prosciutto crudo affettato al momento accompagnato da un rosso delle nostre parti può essere un'esperienza davvero speciale, rientrando dall'Afganistan.

Anche questa volta mi risponde di persona, ed è felice di sentirmi.

Quando lo informo dell'accordo con il viceministro degli Esteri Zaheed e che intendiamo proseguire per Kabul, non riesce a trattenere un commento: "Ma come, tutti stanno scappando dall'Afganistan e voi ci volete andare?".

"Beh, veramente sì."

"Siete testoni, eh?"

La risatina che segue mi conferma che ha capito davvero: noi quell'ospedale lo vogliamo proprio aprire, perché serve.

"Allora vi aspetto a cena sabato sera."

"Ci saremo."

6.

Consiglieri e alleati

Incontro Kate all'aeroporto di Malpensa e ci imbarchiamo per Zurigo, venerdì 14 settembre. I controlli della Swissair sono molto severi.

A Kate confiscano, provocando quasi una tragedia, una limetta per le unghie che teneva in borsetta. A Zurigo ci fanno identificare i bagagli ai piedi dell'aereo prima di imbarcarci, e la cosa non mi dispiace.

Nelle ore che ci separano da Dubai, sfogliando quotidiani e settimanali, finiamo inevitabilmente per parlare di Afganistan.

"Il Pakistan sarà a fianco degli Stati Uniti nella lotta al terrorismo," è il titolo del quotidiano che Kate mi mostra. Resto a bocca aperta. Qui siamo nel grottesco, come aspettarsi che il Papa collabori attivamente nel perseguitare i cattolici.

Che cosa è successo tra Stati Uniti e Pakistan, nel recente passato?

Durante la decennale occupazione sovietica dell'Afganistan, gli Stati Uniti decisero di finanziare a suon di centinaia di milioni di dollari la guerriglia dei mujaheddin contro i sovietici.

"Diamo ai sovietici il loro Vietnam," incitava Brzezinski.

Il suo ruolo era quello di National Security Advisor degli Stati Uniti, la sicurezza nazionale americana era la sua priorità e il suo lavoro.

Bene, Brzezinski, a esempio, ha lavorato così per migliorare la sicurezza nazionale statunitense: armi e soldi ai mujaheddin, nessun problema.

A distribuirli ci pensa l'Isi, il servizio segreto del Pakistan. Dopotutto è un paese alleato, no? Brzezinski ha un solo obiettivo: sconfiggere i russi.

Così il Pakistan ha potuto chiamare a raccolta i combattenti della jihad da tutto il mondo, fornendo passaporti, visti, accoglienza. I dollari e i kalashnikov c'erano già.

Ma come, i kalashnikov? Non sono fucili mitragliatori russi?

No, non quei kalashnikov, quelli erano copie perfette delle armi originali russe: venivano dall'Egitto, dove la Cia se le procurava grazie a una fabbrica d'armi "falsi d'autore", in modo da poter raggirare le leggi Usa sulle forniture belliche a paesi in conflitto, e soprattutto per non dare troppo nell'occhio.

I combattenti della guerra santa non arrivavano per combattere il comunismo. A loro non interessava assolutamente nulla dei sovietici, e neanche dell'Afganistan.

Erano lì per addestrarsi al combattimento, per imparare le tecniche di sabotaggio, di messa a punto di esplosivi, di esecuzione di attentati. Corsi teorici di guerriglia e terrorismo, e addestramento pratico sui campi di battaglia afgani. Il massimo in materia.

I militanti della jihad arrivavano dall'Egitto e dall'Arabia Saudita, dallo Yemen e dall'Algeria, dalla Libia e dal Sudan, e un anno dopo l'altro la legione si ingrossa, si fa ancora più multietnica, c'è chi viene dall'Iraq e dal Qatar, magrebini, ceceni e filippini. Moltissimi sono pakistani, come pakistani sono la maggior parte degli istruttori.

Poi, a completamento degli "studi", gli alunni migliori saranno spediti a fare pratica dove serve.

Sembra strano che nessuno a Washington si chieda: "Ma è sicuro per gli Stati Uniti armare fino ai denti il fondamentalismo islamico?".

L'amministrazione americana – sarebbe ingiusto colpevolizzare solo Brzezinski – non trova in tutto ciò nulla di pericoloso per la sicurezza del pianeta, né per quella degli Usa.

In Pakistan spuntano come funghi campi di addestramento. Non sono in grotte, ma in grandi tendopoli alla luce del sole, e ospitano migliaia di persone.

Non bisognava essere spie professioniste in quegli anni per capire che cosa stesse succedendo.

Bastava camminare per le strade di Peshawar, e far due passi nel bazar afgano, per notare subito quante armi giravano, quanti "arabi" armati andavano avanti e indietro dall'Afganistan e percorrevano il Khyber Pass per venire a rifornirsi, o per il riposo del guerriero.

Allora, a Peshawar, con un po' di fortuna si sarebbe perfino potuto incontrare un rampollo miliardario di nome Osama bin Laden, magari col suo amico Ayman al Zawahiri, gente che oggi qualcuno considera rispettivamente il nemico pubblico numero uno e il numero due.

Osama stava lì, a reclutare e addestrare terroristi.

Non lavorava per gli Stati Uniti, pensava solo a organizzare la jihad militante, cioè il terrorismo internazionale islamico.

Stava lavorando insieme con altri, come lo sceicco Addallah Yussuf Azzam, anche lui a Peshawar. Azzam era uno dei leader teorici più radicali della militanza islamica: durante le lezioni universitarie tenute a Jeddah aveva ammonito gli studenti a non dialogare, né a trattare con l'Occidente. Con l'Occidente, predicava Azzam, un solo rapporto è possibile: "il fucile". Dall'Arabia Saudita era arrivato a Peshawar, per mettere in pratica i propri insegnamenti.

Ad Azzam, Osama e soci deve essere sembrato un lungo e dolce sogno, in quegli anni.

Immaginate: vogliono creare un esercito di terroristi da usare nella guerra contro l'Occidente, e si trovano serviti di soldi e armi da coloro che si stanno preparando a combattere. E in più trovano un paese, "fedele" alleato del loro nemico, che offre copertura, ospitalità e sostegno.

Verrebbe da dire, senza offesa per nessuno, che in simili condizioni anche un dilettante sarebbe stato in grado di organizzare una rete terroristica internazionale.

Quanto quella politica fosse irresponsabile, e soprattutto molto pericolosa, gli Stati Uniti lo avrebbero scoperto a proprie spese, e presto.

Nel 1993 (oltre a cercare di far crollare il World Trade Center) sono gli uomini di Osama bin Laden che con le armi in pugno costringono al ritiro le truppe americane in Somalia.

Si erano preparati a lungo, ed erano da mesi in Somalia, molti di loro arrivati dall'Afganistan, ad aspettare gli americani. Probabilmente qualcuno di loro, con un sorrisetto ironico, era lì a osservare il trionfale sbarco mediatico dei marine in Somalia, nel dicembre del 1992.

E nel 1994 il Pakistan mette in piedi il movimento dei talebani, garantendo istruttori, armi, soldi e manodopera.

Dunque il risultato di anni di "politica regionale" degli Stati Uniti si potrebbe descrivere così: i consiglieri americani per la sicurezza nazionale hanno consigliato al governo degli Stati Uniti di finanziare e armare, negli anni ottanta, un nuovo terrorismo internazionale che ha finito con l'identificare proprio negli Stati Uniti il bersaglio da colpire.

E uno dei leader di spicco di quel terrorismo, quell'Osama bin Laden che stava a Peshawar armato e finanziato anche dagli Stati Uniti, è oggi considerato responsabile, secondo gli stessi Stati Uniti, di aver fatto saltare in aria ambasciate americane in

giro per il mondo, di aver raso al suolo il World Trade Center e colpito il Pentagono.
Complimenti.
A tutti i consiglieri. Good job, direbbero loro, gran bel lavoro, per la sicurezza nazionale degli Stati Uniti.
Un "nemico" non avrebbe saputo fare di meglio.

Questo vuol dire politica cieca, pericolosa, e stupida. Sempre lasciando in pace l'etica, che è cosa seria, e l'essere di destra o di sinistra, che lo è molto meno.
Pensiamo che dopo l'immane disastro combinato – che tra l'altro ha sortito l'effetto di aiutare la nascita di movimenti terroristici islamici in molti paesi, dall'Algeria all'Egitto, dalla Cecenia ai Balcani, dall'Uzbekistan alle Filippine – la politica estera degli Stati Uniti sia migliorata, sia diventata più intelligente?
Niente affatto.
Oggi, soltanto qualche giorno dopo l'attentato di New York, gli epigoni di Brzezinski prendono l'ennesima decisione politica "geniale" puntando sul Pakistan come "alleato nella lotta al terrorismo". Considerando l'affidabilità dimostrata negli anni precedenti, e il fatto che il Pakistan, governato da un dittatore golpista, è uno dei pochissimi paesi a riconoscere ancora oggi, 14 settembre, il governo dei talebani, sembra proprio una bella garanzia di successo, dà proprio sicurezza.
Verrebbe da ridere, non ci fossero ogni volta immani tragedie ad accompagnare la stupidità della politica.

Arriviamo a Islamabad sabato mattina. Ad attenderci c'è l'autista dell'ambasciatore italiano, che ci facilita il passaggio alla dogana.
Sono molti i militari armati in giro, anche in città. Facciamo una sosta alla residenza dell'ambasciatore, per ringraziarlo e salutarlo. Mentre prendiamo un aperitivo, ci parla della situazione politica in Pakistan, che si fa sempre più tesa quanto più Musharraf fa promesse agli americani. Si prevedono manifestazioni di piazza.
Certo non qui a Islamabad, molto più facile a Peshawar o a Karachi.
Islamabad è una città finta, costruita solo qualche decennio fa per riunire banche e ambasciate, residenze per ricchi funzionari e palazzi governativi. Una città vera non c'è, per vederne una bisogna andare a Rawalpindi, a mezzora di macchina, tutto un vociare e strombazzare di clacson per le affollate viuzze del bazar.
Islamabad invece è piena di verde, di boscaglia dove cresce selvatica la canapa indiana e di parchi che ospitano migliaia di

cinghiali, ma la città non esiste, è un luogo per funzionari, diplomatici e giornalisti.

Riusciamo a fatica a trovare posto in albergo, tutto esaurito. Il Marriott è letteralmente invaso da giornalisti. Chi non c'è ancora, sta per arrivare.

Le grandi televisioni affittano stanze a dozzine, preferibilmente all'ultimo piano, perché è facile accedere al tetto.

Il tetto del Marriott è diventato un insieme di studi televisivi all'aperto, riflettori accecanti e tende bianche lo fanno sembrare un accampamento di beduini.

7.
Cieli e montagne

A Islamabad sono di umore pessimo. Forse perché incontro a colazione, e poi ogni volta che entro in ascensore, frotte di giornalisti e tecnici dei grandi network statunitensi che si preparano a raccontare la nuova guerra, la loro guerra.
Ci sono anche molti italiani, alcuni amici, l'esercito dei media si ingrossa di ora in ora, perché tutti arrivano per andare in Afganistan ma dall'Afganistan stanno uscendo tutti gli stranieri, anzi sono già quasi tutti fuori, e nessuno entra.

"Dopo le Nazioni unite, anche il Comitato internazionale della Croce rossa sta evacuando tutto il personale internazionale dall'Afganistan," si legge sui quotidiani.
Ritorna la stessa domanda: per quale motivo evacuano, adesso? È sempre più sicuro che ci sarà un attacco militare contro l'Afganistan, con ogni probabilità – lo dicono tutti – cominceranno con il bombardare.
Ci saranno feriti sui campi di battaglia, come a Solferino nel 1859, quando il mercante Jean-Henry Dunant, che avrebbe poi fondato il Comitato della Croce rossa, passando di lì rimase inorridito e sconvolto e si mise a dare una mano, a organizzare i soccorsi.
A differenza di Solferino, a Kabul e dintorni ci saranno molte più vittime civili – pastori e contadini, vecchi e una marea di ragazzini –, non saranno molte le giacche rosse e quelle azzurre a morire nei campi. Sarà così anche questa volta, è scritto, come in tutte le altre guerre che si combattono sul pianeta.

Passiamo la giornata a raccogliere informazioni sui voli per Kabul. Nel tardo pomeriggio abbiamo la conferma: siamo fortunati, c'è un aereo delle Nazioni unite, domani mattina alle nove.

Va a Kabul, ci sono gli ultimi funzionari da evacuare. Ci prenotiamo.

È tornato il buonumore, guardo una partita di calcio del campionato inglese e mi rilasso, in attesa che rientri Kate con il solito shopping pensando a Kabul: dentifrici, shampoo, cosmetici, libri, riviste e qualche scadente mozzarella surgelata.

Sveglia presto, domattina.

Anche troppo, visto che alle sei e un quarto chiamano dalle Nazioni unite. "Buongiorno, qui è la Un Flight Operations. Lei è uno dei due passeggeri in lista per Kabul?"

"Sì."

"Non venite in aeroporto, stiamo ancora aspettando la clearance per il volo. State in stand-by, vi diremo noi quando lasciare l'albergo."

Alle undici richiamano: "Sembra che a Kabul non riescano a rintracciare il responsabile della sicurezza all'aeroporto, per dare l'ok al volo. Aspettiamo, ci sentiamo più tardi".

Il buonumore non è durato a lungo. Ho la netta sensazione che non voleremo, ne discuto con Kate. Lei è più ottimista, io già propongo di cercare soluzioni alternative, lei suggerisce di aspettare, finiamo con il litigare.

In ogni caso più tardi non riceveremo nessuna telefonata. Pratica archiviata, probabilmente.

Così ricominciamo a cercare, chiamiamo l'ufficio della Croce rossa internazionale a Peshawar. La Croce rossa internazionale ha due aerei, speriamo volino ancora da qualche parte in Afganistan.

"Richiamate domattina, sono le cinque passate."

Certamente.

Il mattino presto Kate inizia col richiamare le Nazioni unite: "Aspettavamo una risposta".

"Mi spiace molto, davvero. Ma ieri non siamo più riusciti a contattare Kabul."

"E per oggi?"

"Ci doveva essere un volo per Kabul e Faizabad, ma sembra ci siano problemi di sicurezza."

"Del tipo?"

"Non so, dovreste parlarne col colonnello responsabile della sicurezza Onu."

"E chi è?"

Dopo il nome e il cognome, incomprensibili entrambi, arriva un "ma oggi non c'è. Facciamo così, lo rintraccio io e vi faccio chiamare in albergo".

Osservo Kate mentre ripone il ricevitore, occhi sgranati e bocca semispalancata, e se ne esce con uno dei classici "unbelievable" – questa volta preceduto da una parolaccia – che pronuncia ogni volta che si trova di fronte a una cosa assurda o a gente che lavora con i piedi.

Lo avrebbe ripetuto di lì a qualche ora, dopo la conversazione con il colonnello misterioso, quando lui le spiega che non è possibile trasportarci a Kabul, per ragioni di sicurezza.

"Sì, l'aereo c'è, il volo è autorizzato, ma gli ordini sono di evacuare. È per la vostra sicurezza, capite, che non vi possiamo portare. Ammettiamo che poi vi troviate in grave pericolo, ci toccherebbe venirvi a prendere."

Kate gli dice che noi vogliamo andare a Kabul per nostra scelta, che siamo pronti a firmare tutti i documenti necessari per liberare l'Onu da ogni responsabilità nei nostri confronti, compreso un postscriptum in cui dichiariamo che non chiederemo mai all'Onu di venirci a riprendere in caso di bisogno.

Non mi sembra ottenga un grande effetto, almeno a giudicare dall'espressione di Kate. "Tieni," mi dice dopo tre minuti, coprendo con la mano il microfono, "parlaci tu con questo imbecille."

Non ho miglior fortuna. Il colonnello è seccato di doversi ripetere, io sono più seccato di lui.

"Colonnello, non mi stia a spiegare le condizioni di sicurezza a Kabul," è quasi certo che l'ha vista solo in cartolina, "stiamo ai fatti. Primo: c'è un aereo che va vuoto a Kabul. Secondo: noi in quanto personale umanitario abbiamo diritto a salirci. Terzo: lei vuole negarcelo. Lei mi sta dicendo che l'Onu impedisce al personale di un'organizzazione umanitaria di raggiungere Kabul?"

"Non le permetto..."

"Va bene, grazie." Fine della telefonata.

Bisogna ritentare con la Croce rossa internazionale. E peschiamo di nuovo il jolly, c'è un aereo da Peshawar per Kabul: "Domattina alle otto".

"Possiamo prenotare due posti?" chiedo strizzando l'occhio a Kate, non bisogna essere geni per capire che non ci sarà grande folla in partenza, domani.

"Sì, ma bisogna avere l'autorizzazione del capodelegazione di Kabul, nessuno può decidere qui a Peshawar."

"Ma Emergency ha già utilizzato in passato gli aerei della Croce rossa, abbiamo un accordo per far volare il nostro staff."

"Non importa, in ogni caso ci vuole l'ok dal capo a Kabul; sapete, la situazione è difficile."

Cominciamo a rendercene conto.

A Kabul sono in un meeting e non si può disturbare, richiamare. Pazienza, tanto il volo è per domani.

Scendo a bere un caffè nell'atrio dell'albergo, affollatissimo. Sto già decidendo di rintanarmi di nuovo in camera, quando scorgo Ahmed Rashid. Giornalista e scrittore pakistano, di Lahore, Ahmed è tra i più profondi conoscitori dell'Afganistan e dell'Asia centrale.

Dovevamo vederci a Dushambè lo scorso anno, un incontro cui avrebbe partecipato anche Ahmad Shah Massud. Dal Panchir, dove mi trovavo, non era stato però possibile volare a Dushambè per il maltempo, e il nostro incontro era saltato. Così ne approfittiamo per chiuderci in un salottino a parlare di Kabul, della guerra, del Pakistan e dei talebani.

Riproviamo il satellitare della Croce rossa internazionale a Kabul, questa volta risponde il capodelegazione.

"Ciao, sono Gino, sono qui con Kate a Islamabad, come va?"
"Bene, e voi?"
"Ascolta, abbiamo parlato con i tuoi a Peshawar, è vero che avete un aereo per Kabul domani?"
"Sì, viene a prendere me e gli altri rimasti."
"Bene allora arriva vuoto, c'è posto, possiamo prenderlo."
"Mah, veramente è un problema."
"E che problema è?"
"Vedi, potrebbe sembrare contraddittorio: un aereo viene per evacuare gli ultimi rimasti tra il personale della Croce rossa internazionale, compreso il capodelegazione, e al tempo stesso porta a Kabul personale di un'altra organizzazione."

Ne discutiamo un po', ma non ho nessuna voglia di litigare.

Sono d'accordo, potrebbe sembrare contraddittorio, che ci portino a Kabul mentre loro se ne vanno tutti, anzi sono convinto che sia davvero contraddittorio.

Non è colpa nostra se la Croce rossa internazionale ha deciso di evacuare dall'Afganistan mentre Emergency ha deciso di restare e di aumentare lo staff internazionale. Sono scelte diverse, opposte, sicuramente c'è contraddizione.

Ma non stiamo chiedendo alla Croce rossa internazionale di condividere le nostre scelte, né di modificare le loro, stiamo solo chiedendo, come abbiamo fatto con le Nazioni unite, di aiutarci a fare il nostro dovere: andare a Kabul.

Non si tratta di un volo speciale, non faremo né faremmo correre ad altri alcun rischio per causa nostra, gli aerei vanno comunque a Kabul, vuoti.

Negli ultimi dieci anni, tutti hanno usato gli aerei dell'Onu e della Croce rossa internazionale per andare in Afganistan: personale delle organizzazioni umanitarie, giornalisti, diplomatici, perfino esponenti dei talebani.

Adesso sembra sia cambiato tutto, adesso si può ancora volare, ma solo one way, solo in direzione del Pakistan.

Fuori tutti dall'Afganistan: che sia questa la nuova parola d'ordine, da far rispettare a tutti fin da ora, pochi giorni dopo il massacro del World Trade Center?

Neanche quando, dopo dieci minuti di conversazione, arriva il "no" definitivo del capodelegazione, mi sfuggono insulti e imprecazioni.

Sono depresso e triste. Com'è possibile? Stiamo cercando di raggiungere un ospedale. E le Nazioni unite e la Croce rossa internazionale ce lo impediscono.

Dalle Nazioni unite me lo aspettavo ampiamente, non brillano certo per familiarità coi problemi umanitari, ma la Croce rossa è una brutta sorpresa, proprio brutta.

Che problema è, per loro, portarci a Kabul? Atterriamo, ci salutiamo all'aeroporto, ringraziamo e ce ne andiamo. E buona fortuna a tutti.

Perché allora impedirci di salire su quell'aereo?

Kate già sfoglia la sua rubrica a caccia di numeri di telefono.

"Devo averlo da qualche parte, il numero della polizia al confine di Turkham..."

Il numero non salta fuori, ma basta leggere i giornali, per capire che la telefonata sarebbe stata inutile. "Truppe pakistane presidiano il confine." "Migliaia di afgani in fuga dalla guerra si ammassano a Turkham."

Quale guerra, quella che dura da un quarto di secolo, e che proprio oggi fa paura, o la guerra che verrà, quella che la civiltà e la democrazia si preparano a mandare in onda?

"Senti questa," sbotta Kate. "Onu: tragedia profughi all'orizzonte."

Scorro l'articolo.

"Hai capito," dice Kate, "quelli dell'Onu sono stati i primi a tagliare la corda, stanno tutti qui negli alberghi di Islamabad, ma sanno esattamente quante migliaia di profughi sono già al confine, dalla parte afgana, e quanti ne arriveranno nella prossima settimana. Fantastico."

"Convinceranno il Pakistan a farne passare un po' da questa parte."

"No, non è quello il problema, stanno già lanciando un appello urgente, chiedono soldi per aiutare i profughi. Ascoltami," Kate è davvero scandalizzata, "questi se ne vanno e poi chiedono soldi. E tutti quelli che non sono profughi, perché restano in Afganistan e non possono andare da nessuna parte, chi li aiuta? Io non capisco."

Neanch'io.

Una telefonata a un amico di Peshawar ci dà la conferma: il confine di Turkham è chiuso in entrambe le direzioni.

"Ci restano solo le montagne," dice Kate, ma io quasi non la sento, sto pensando, cercando alternative. Soprattutto sto cercando di calmarmi, di controllare la rabbia, che adesso sento arrivata al limite critico.

"Ma come cazzo è possibile raggiungere 'sto maledetto Afganistan?"

"Te l'ho detto, le montagne."

"Cosa?"

"Chiamiamo i nostri in Panchir e glielo chiediamo. Che cos'altro hanno fatto molti di loro per anni, se non la spola su per le montagne al confine con il Pakistan? Trasportavano viveri e munizioni, sapranno bene dove passare."

L'idea sembra sensata, almeno a prima vista.

"Hallo, Najib? This is Kate..." pochi minuti, e si rivolge a me: "È possibile, e qualcuno di loro potrebbe attraversare il confine e venirci a prendere a Chitral, nel nord del Pakistan. Che cosa gli dico?".

Sollevo le spalle, mica facile decidere così.

"Allora?" incalza Kate.

"Va bene, che partano domattina presto. Teniamo contatti giornalieri via satellitare, e ci vediamo a Chitral."

Kate è raggiante, io sono ancora nel mood depresso-incazzoso, mi consulto con Milano. Le perplessità non mancano: entrare in Afganistan clandestinamente? Trovarsi fuori dal Pakistan senza un visto di uscita sul passaporto, e in questo momento? E poi, che cosa significa attraversare le montagne, quali montagne?

Sono più o meno gli stessi dubbi che sono ronzati in testa a me, ma d'altra parte non si intravedono possibili alternative, almeno per ora. E poi Chitral non è mica in capo al mondo, si può sempre tornare indietro. Proviamoci.

8.
Weekend a Chitral

Youssuf ci raggiunge a Islamabad, verrà con noi. Youssuf è curdo, uno dei nostri migliori infermieri. Ha lavorato a lungo nel nostro ospedale di Suleimania prima di dedicarsi a organizzare i posti di pronto soccorso. Sarà molto utile in Afganistan, se riusciamo ad arrivarci. E poi Youssuf è musulmano, e parla il *farsi*.

Passiamo a salutare l'ambasciatore De Ceglie, che ci raccomanda di tenerci in contatto, e partiamo in macchina per Peshawar.

Impossibile concentrarsi sulla bellezza imponente del fiume Indo, mentre si viaggia per quella strada. Camion sgangherati corrono a velocità folle, carichi oltre ogni limite di sacchi e scatoloni sopra cui stanno appollaiate decine di "passeggeri", e poi trattori, e carretti trascinati da cavalli. Quando un autobus aziona il clacson in continuazione, significa letteralmente "adesso ti sorpasso, io non mi fermo: se necessario, e se ce la fai, buttati da parte". Le cronache pakistane riportano morti pressoché ogni giorno, sulla strada che da Islamabad raggiunge Peshawar e le North West Frontier Provinces.

A Peshawar, per prima cosa andiamo all'aeroporto.

Chitral è una località turistica, una specie di campo-base per gli appassionati di trekking di alta montagna. Da lì partono verso l'Hindukush, il Karakorum, l'Himalaya, il tetto del mondo.

Così, grazie alle spedizioni alpinistiche, c'è un piccolo aereo della Pakistan Airlines, un ATR-42, che collega Peshawar a Chitral, tempo permettendo.

All'ufficio della Pakistan Airlines sono molto gentili, ma le prenotazioni per Chitral possono essere fatte solo nell'ufficio centrale, in città, che adesso è chiuso, essendo passate le cinque del pomeriggio.

"Possiamo almeno acquistare i biglietti?"

"Sì, questo è possibile, sono milleottocento rupie, trentatré dollari, a testa."

"Ma ci sarà posto domani?" chiede Kate quasi implorante.

L'idea di farci due giorni di macchina su per le montagne, per raggiungere Chitral distante quarantacinque minuti di volo con un piccolo aereo, non ci appassiona, ma mi sto ormai rassegnando a prendere quello che viene, non sono in gran forma.

"Se c'è il volo, è possibile. Dipende dal tempo. Inch'Allah domani volerete, di questi giorni poca gente va a Chitral. A ogni modo cercate di essere qui presto domattina: se ci sono posti liberi, li prende il primo che arriva."

Non c'è tempo per rivedere Peshawar, che resta per me una delle più straordinarie città del pianeta. Ci ho vissuto troppo poco, solo alcuni mesi, in diverse occasioni. A Peshawar non c'è mai sosta, c'è troppo da vedere.

E c'è il bazar più bello dell'Asia, unico, a cui dedicare ogni pomeriggio libero, percorrerlo in ogni stradina fino a trovare la via dell'argento, centinaia di negozietti pieni di gioielli molto poveri, quasi tutti arrivati dall'Afganistan.

Come quelli dei nomadi kuchi, di rara bellezza, pezzi di metallo senza valore incastonati da frammenti di vetro colorato, da monete e conchiglie del deserto. Argento, silver, "o german silver", espressione usatissima in Afganistan per indicare l'argento taroccato: che cosa importa? Sono un piacere per gli occhi, e si possono portare regali a tutti, fingendo di trattare sul prezzo.

Peshawar, sempre piena di afgani e di burqa. Peshawar misteriosa e affascinante, ma anche Peshawar sempre piena di teste calde.

Dove in qualche punto del bazar si può sempre comprare un kalashnikov, o piazzare l'ordine per duemila razzi. Con gli ambulanti che tengono appese al carretto magliette e sciarpe con la faccia di Osama, come le bancarelle di San Siro hanno quella di Ronaldo.

Dormiamo in uno squallido motel sulla strada principale di Peshawar.

Non molto per la verità, perché al momento di ritirarci Kate informa me e Youssuf, con un sorrisetto, di aver prenotato due taxi per il mattino alle quattro, per essere presto in aeroporto. Non male, il volo è previsto alle nove.

Il cielo è terso al mattino, fa freddo, e siamo i primi a entrare in aeroporto. Il check-in non è ancora aperto ma io e Youssuf ci piazziamo in pole position, in agguato. Non ce n'è un gran bisogno, per la verità, i soli passeggeri che si presentano, più di due ore dopo, sono un paio di militari e una famiglia che forse sta tornando a casa.

L'elenco passeggeri è completo, si vola, addirittura in anticipo, sono appena le otto e siamo già in quota.

Atterrando a Chitral, si capisce perché il volo viene effettuato solo con il bel tempo: dai finestrini si vedono montagne sui due lati, e l'aereo ci s'infila in mezzo per raggiungere la valle e il villaggio.

Nel "miglior albergo in Chitral", come recita la guida turistica che Kate si è comprata, non c'è problema di prenotazione: il grande chalet di legno è del tutto deserto, siamo gli unici clienti.

"C'erano molti turisti," ci dice il proprietario, "ma sono partiti tutti il 12 settembre, e chi doveva venire ha cancellato la prenotazione. L'albergo è tutto vostro."

Adesso non ci resta che aspettare Najib.

Poi, con lui studieremo una soluzione per passare i controlli e il confine. Non c'è problema, per gli afgani. Loro vanno e vengono come vogliono, dividono queste montagne con i pakistani e i pakistani con loro, senza bisogno di confini né di passaporti.

Per noi invece è diverso, almeno per me e per Kate, visto che Youssuf può benissimo passare per afgano. C'è da aspettarsi controlli molto severi. In Pakistan la tensione sta salendo, gli Usa stanno spingendo il regime di Islamabad con le spalle al muro. Altro che alleati, il tono è "chi non è con noi è contro di noi", amici o nemici, niente zone d'ombra.

Musharraf non è certo forte abbastanza da opporsi agli Usa, ma stare al loro fianco e assecondarne i desideri non è cosa ben vista da queste parti.

Ce ne rendiamo conto il giorno dopo, andando in jeep in città a fare acquisti per il viaggio. La strada principale di Chitral, che attraversa il ponte sul fiume e si snoda in mezzo al bazar, è invasa da una marea di manifestanti. Inneggiano a Osama bin Laden, ne portano cartelli con l'effigie, urlano: "Jihad, jihad", e slogan contro gli Usa.

Sono perlopiù studenti delle scuole superiori, spiega il nostro autista, ma ci sono anche molti adulti nel corteo.

I poliziotti, che camminano ai lati, conversano con i manifestanti in modo amichevole, non vedono – e probabilmente hanno ragione – alcun problema di ordine pubblico. Non è escluso che condividano appieno le ragioni del manifestare.

Ci teniamo in disparte, e chiediamo all'autista di deviare per una stradina laterale: sta per sopraggiungere un folto gruppo particolarmente rumoroso, e non ci pare salutare farci vedere lì,

due occidentali a Chitral in attesa di andare clandestinamente in Afganistan.
Aspettiamo mezzora e rientriamo in albergo facendo un giro largo.

Najib dovrebbe essere qui stasera, domani ci prepareremo al viaggio.
La cucina in albergo è buona, particolarmente le zuppe, e anche il servizio e l'igiene sono di prim'ordine. Però ci sentiamo un po' strani, da soli in quella grande sala ristorante, circondati da camerieri.
"Che cosa penseranno di noi?" chiede Kate sottovoce.
"Che siamo un po' fuori," mi viene d'istinto.
"No, intendo dire che cosa pensano che stiamo facendo qui. Ammetterai che sembriamo un po' sospetti, in questo momento, quando i turisti se ne sono andati per paura di quel che potrebbe succedere qua intorno. Per di più non ci interessa assolutamente l'alpinismo, né le camminate, non andiamo neanche a pescare. Si saranno chiesti cosa diavolo ci facciamo qui, o no?"
"E chi se ne frega?"
"Invece no, potrebbe essere pericoloso. Se sapessero che vogliamo passare il confine qualcuno di loro potrebbe avvertire la polizia."
"Ma smettila."
"Assolutamente no, bisogna stare attenti a come ci si comporta," conclude Kate sottovoce. E comincia a bisbigliare mentre parliamo di Afganistan, per alzare di nuovo il tono di voce non appena compare il padrone dell'albergo: "Ragazzi, non potete immaginare quelle spiagge in Grecia...". Ci prende di sorpresa l'improvviso cambio di argomento, ma poi capiamo, fa parte della nuova strategia di Kate in versione Mata Hari.

I camerieri, in compenso, adesso guardano Kate in modo strano, e cercano di starle più vicini per origliare ogni conversazione sottovoce.

Intanto, la cena è finita e di Najib neanche l'ombra.
Chiamiamo il satellitare del nostro staff che ci aspetta con le jeep al di là delle montagne, è spento. Aspettiamo un'ora, poi riproviamo. C'è il segnale, risponde Mian Aga.
"No, Najib è partito solo stamattina da qui. È con Basir, il fratello di Haji Ashraf che gli fa da guida e che prosegue per Karachi. Ci hanno provato anche ieri, ma hanno dovuto rinunciare per il maltempo."
In effetti, anche Chitral si sta riempiendo di nuvoloni neri e fitti di pioggia, il che vuol dire neve, là dove devono passare Najib e Basir.

"Se tutto va bene, dovrebbe arrivare domani sera. Ci sentiamo domani alle dieci."
Un altro giorno che se ne va.

E al mattino piove ancora. Decidiamo comunque di riprovare a fare acquisti: giacconi e guanti, coperte e cappelli. In un negozietto dove compriamo dei patou, le onnipresenti coperte-mantelli afgane dai mille usi, vedo due cappelli meravigliosi, neri con qualche ricamo e pieni di conchiglie che sembrano diademi.

"Sono qalash," mi annuncia il negoziante.

I qalash sono tribù piuttosto chiuse. Pagane, in parte animiste, le donne qalashi vivono a qualche decina di chilometri da Chitral e indossano questi cappelli nei loro giorni di festa. Non mi lascio scappare l'occasione per aggiungere due pezzi alla collezione di Cecilia.

E poi Kate è molto soddisfatta dei miei acquisti, insiste perché mi provi uno dei cappelli sull'uscio del negozio: evidentemente pensa che il mio shopping rinforzi la copertura turistica che lei ha messo in piedi per giustificare la nostra presenza a Chitral.

Il tempo è orribile, un temporale dopo l'altro e grandi acquazzoni. Dobbiamo aspettare fin verso le dieci di sera per vedere comparire Najib.

È esausto, stravolto, sta in piedi a fatica, il naso rosso e gonfio dal raffreddore, tossisce in continuazione. C'è solo il tempo di farsi raccontare in fretta come è andato il viaggio.

"Terribile, neve e vento, non si vedeva niente, e molto, molto freddo. Basir a un certo punto si è fermato, poco dopo il passo. 'Se ti fermi qui, muori,' gli ho detto, e ho dovuto rimetterlo a cavallo quasi di forza."

Preferiremmo non sapere altro. Riempiamo Najib di tè caldo e gli mostriamo la sua stanza. "Colazione alle otto," gli ricorda Youssuf, "poi arriva il contrabbandiere." Già, domani dobbiamo darci da fare, e abbiamo ancora non pochi problemi da risolvere.

9.
Clandestini e militari

"Ci sono due posti di blocco sulla pista," ci fa capire Mastuq, che ci deve portare sino al confine.
"E come li passiamo?"
"Nessun problema, sembrerete una famiglia afgana."
Mastuq ci spiega – tradotto da Najib e Youssuf – che è indispensabile un travestimento, bisogna munirsi di abiti afgani, compreso un bel burqa azzurro per Kate, e allora possiamo farcela.

Sono dubbioso, ma capisco che ormai tutti gli altri stanno fremendo, hanno voglia di partire al più presto. In un minuto vengono suddivisi i compiti, io di qua e tu di là, ci si rivede tutti alle due.

"Vi faccio preparare dei sandwich e della spremuta d'arancia da portare via?" chiede il proprietario dell'albergo.

Non lo avevamo notato, probabilmente si è divertito ascoltando la nostra conversazione. Appena tutti se ne sono andati, penso, sarà il caso di andare a prendere una tazza di tè con lui e mettere le carte in tavola.

Fasil e sua moglie Alima sono originari di un villaggio non lontano, ma hanno vissuto abbastanza a lungo in metropoli come Karachi da provarne ossessione, e alla fine hanno comprato del terreno quassù, da dove provenivano, e hanno deciso di costruirci un albergo.

"Metà l'ho fatto con le mie mani," assicura Fasil.

Attaccata all'albergo c'è anche la loro casa. Una baita moderna con la televisione satellitare, divani ricoperti da copricuscini che le donne afgane ricamano a disegni geometrici, per essere regalati alla sposa nel giorno delle nozze. Ci sono tappeti e sculture di legno, e molti libri d'arte e di fotografia sul basso tavolino del salotto.

Libri sulle montagne di queste parti, che Fasil e Alima amano molto e dove vanno a passeggiare per giorni e giorni, tra le vette dell'Hindukush, la montagna "che uccide gli indù".

Fasil, visto forse il mio scarso entusiasmo per l'alpinismo, cerca di attrarmi con la descrizione della pesca alla trota nei torrenti del nord della valle.

"Magari la prossima estate tornerò e andremo a pescare insieme, mi rilassa."

"Bene. A proposito, non si è rilassato molto il vostro amico di ieri sera. Avrebbe dovuto riposarsi, stamattina."

Ci siamo.

"Stiamo preparandoci ad andare in Afganistan, siamo medici."

"Uhmm..."

Gli spiego chi siamo, per chi lavoriamo, gli racconto dei due ospedali, dei nostri pazienti e del nostro staff.

"Bellissima cosa," dice Alima, "ce ne sarà un bisogno immenso. Verrei a darvi una mano, se sapessi qualcosa di medicina."

"Credete ci siano problemi ad attraversare il confine?"

"Come pensate di andarci?"

Gli racconto il nostro piano. Fasil non sembra convinto, la moglie lo scruta senza commentare.

"Non è facile, lo so, ma non abbiamo alternative," dico quasi scusandomi, "conoscete quella pista?"

"No, ma non fa molta differenza. Avete abbastanza da coprirvi?"

"Kate ha già comprato tutto."

"E viveri? Gallette, tè, zucchero?"

"Ci sta pensando Youssuf."

"Vi serve qualcosa?"

"Si trovano, qui a Chitral, bombole di ossigeno da alta montagna?"

"No, non credo proprio, ma qualcosa devo avere."

Nel magazzino c'è una piccola bombola verniciata di verde, forse era di un'ambulanza, l'indicatore segnala che è piena solo per un quarto. Meglio che niente, in caso di emergenza a cinquemila metri potrebbe servire.

"Va bene, la prendiamo."

Alle due meno un quarto rientrano Kate e Youssuf, lo shopping è completato. Najib, invece, è in ritardo. Ne approfittiamo.

Sulla terrazza della mia stanza, facciamo le prove di travestimento.

Kate non ha alcun problema, le basta togliersi un bracciale e un anello non proprio afgani, e indossare il burqa: "Domani metto i calzettoni di lana e quelle scarpe mezze rotte, e sono perfetta".

Io mi sento perfettamente cretino con lo shalwar, il larghissimo completo camice e pantaloni che si usa qui, avvolto nel patou, e in testa calato sugli occhi un pakul marrone, il cappello dei mujaheddin e dei commercianti di Chitral, così orgogliosi della qualità superiore dei propri cappelli rispetto ai pakul afgani da chiamarli "chitrali".

Youssuf mi ha persino procurato un rosario, da far girare tra le dita come i vecchi afgani.

Lui invece se la cava benissimo. Youssuf potrebbe tranquillamente essere scambiato per afgano anche senza travestirsi, e poi parla la lingua. Già.

"E se ci fermano e ci chiedono qualcosa, come la mettiamo?"

"Kate deve stare zitta," sentenzia Youssuf.

"Questa sì è un'idea," mi esce d'istinto, ma nessuno raccoglie la battuta.

"È ben difficile che rivolgano la parola a una donna afgana," continua Youssuf, "e se lo fanno tu non rispondere."

"Volta la testa dall'altra parte e rannicchiati nel burqa, come si usa in Panchir," aggiungo io.

E Kate fa la prova della donna timida, infila la testa quasi sotto l'ascella, fa persino spuntare una manina con le dita spalancate, a proteggersi dall'orco che la minaccia. La vedessero in questo momento le sue amiche femministe...

Sono io piuttosto, lo so bene, l'anello debole della catena. Perché a me domande ne possono fare, eccome. E io non posso rispondere.

Così cerchiamo di definire meglio i ruoli.

Siamo una famiglia afgana, veniamo da Peshawar e rientriamo in Afganistan per la morte di un figlio. Eh, sì, ci si sente un po' sciacalli ma qui la morte di un figlio non è cosa strana, è perfettamente credibile.

Io sono il vecchio padre rincoglionito, che bofonchia cose perlopiù incomprensibili anche al figlio Youssuf. Proviamo la scena di lui che mi ripete la possibile domanda del poliziotto urlandomela nell'orecchio, e di me che farfuglio qualcosa perché tanto la risposta la darà lui, Youssuf, e speriamo sia quella giusta.

Kate è la madre affranta, troppo per parlare. Se sarà necessario, perché qualcuno insiste nel rivolgerle la parola, è pronta a pianti e singhiozzi ininterrotti. Avranno pure un po' di compassione, no?

Tutto è sulle spalle di Youssuf, il figlio maschio, il capofamiglia. Deve sprizzare autorevolezza, dolce e protettivo con i genitori, cortese e asciutto con gli altri.

Non andiamo male, potrebbe reggere, potrebbe funzionare.

Già, sta diventando un gioco, anche se in buona parte indotto dalla disperazione, dal non riuscire a trovare una soluzione razionale, dal vagare da un tentativo all'altro. Un gioco che se non altro serve a scacciare il pessimismo che è lì fuori dalla porta.

Il gioco, e la favoletta della famiglia afgana, sono interrotti dal campanello: sono arrivati Najib e Mastuq.

"Ci sono problemi..." attacca Najib.

Respiro lento e profondo, cerco di soffiare fuori la rabbia, mi impongo di controllarmi mentre ascolto l'ultimo bollettino delle disgrazie.

I posti di blocco da due sono diventati sette. Controllano tutti, anche le donne, perché ieri i pakistani hanno acchiappato un fotografo inglese che cercava di passare il confine con il burqa addosso. Quindi dobbiamo per forza evitare i posti di blocco, e sperare di non incontrare qualche pattuglia né di essere avvistati con un binocolo.

"Quanto ci vuole per girare attorno ai posti di blocco?" domanda Kate.

"Un'ora, massimo un'ora e mezza."

"Mastuq, tu che sei un ragazzo molto sveglio," quando Kate comincia così sono sorprese, "un'ora l'uno per sette posti di blocco vuol dire sette ore di cammino, diciamo dieci perché non siamo degli sherpa. Più otto ore di jeep... Non si potrebbe trovare dei muli anziché camminare, ed evitare di arrivare distrutti?"

È stato allora che non sono riuscito più a star zitto, la mia sopportazione residua era semplicemente zero.

"Adesso basta. Dobbiamo essere in Afganistan al più presto e siamo qui come degli imbecilli camuffati a discutere di muli e scorciatoie e a fare il teatrino. Adesso basta: domani c'è un aereo per Peshawar. Najib e Youssuf possono andare, non avranno alcun problema. Io e te ci facciamo un bel girotondo Peshawar-Karachi-Zurigo-Monaco-Dushambè ed entriamo dal Tagikistan. Ci ritroviamo tutti in Panchir."

"Ma siamo venuti fin qui, potremmo almeno provarci," attacca Kate.

"E se ci arrestano, mentre tentiamo di passare il confine clandestinamente?"

"Non esagerare."

"Ti piacerebbe trovarti in una bella galera pakistana, magari con l'accusa di spionaggio, o di attività terroristiche? Siamo stati stupidi solo a pensarci, non sono questi i tempi per andarsene in giro vestiti da carnevale. E poi il Pakistan sta sempre più subendo le richieste americane, sicuramente il confine è controllato per bene."

"Sì, ma proviamoci lo stesso: se vediamo che non è possibile, torniamo indietro."

Non voglio più discutere, mando Youssuf a comprare i biglietti per Peshawar, il volo è alle sei del mattino, e chiamo Milano.

Rossella capisce la situazione, ed è sollevata quando le dico di prenotarci il lungo viaggio attorno all'Afganistan. A me invece continua a rodere, l'esserci così vicino.

"Ci risentiamo stasera, per la conferma delle prenotazioni."

"Va bene. Credimi Gino, è meglio così. Anche noi qui eravamo molto preoccupati all'idea che doveste attraversare da clandestini l'Hindukush."

Capisco. Sono seduto sulla terrazza, c'è uno spiraglio di sole, ripenso alla situazione e alla decisione appena presa. Mi sembra sensata. Abbiamo fatto, davvero, tutto il possibile, proprio tutto. Se non ci siamo riusciti, pazienza. Dal Tagikistan non avremo problemi, speriamo.

Ma dobbiamo fare in fretta.

La guerra si avvicina, i cieli si stanno chiudendo per tutti tranne che per i bombardieri. Forse arriveremo tardi a Dushambè, lo spazio aereo tagiko sarà già chiuso.

Molti dei nostri, peraltro, anche in condizioni normali, hanno speso giorni e giorni a Dushambè, in attesa di un elicottero che non partiva mai. Il record, credo, sia di Åke e Roberto Bottura, ventisette giorni inchiodati in Tagikistan perché o non c'era l'elicottero o il maltempo impediva di volare.

Adesso ci sono più possibilità, ci sono molti più elicotteri disponibili rispetto a due anni fa, elicotteri nuovi, non le vecchie carrette sgangherate che ci hanno sempre procurato incubi.

Ma è possibile che tra poco anche i mujaheddin di Massud non abbiano più il permesso di volare.

I mujaheddin di Massud?

"Esponenti dell'Alleanza del Nord confermano la morte di Ahmad Shah Massud."

È un piccolo trafiletto per il Leone del Panchir, troppo piccolo, quello che ho letto stamattina sul quotidiano passatomi da Fasil. "In seguito all'attentato del 9 settembre è morto il Comandante dell'Alleanza del Nord. Il suo posto sarà preso dal generale Fahim, da sempre al fianco di Massud."

Aspettavo la notizia da un momento all'altro: "Gino, credo che sia ormai troppo tardi", mi aveva detto Younus Qanouni nella telefonata di ieri mattina.

Non ho ancora trovato il modo di dirlo a Kate, e anche adesso che è appena rientrata in albergo, non credo che lo farò. Ci resterebbe troppo male.

"Ciao, ascoltami. Come si chiamava quell'impiegato del Marriott?"
"Chi?"
"Ma sì, quello che ci ha detto che suo zio è una specie di capo della polizia qui a Chitral?"
"Kate!"
"Come si chiamava?"
"Ascolta. Qualsiasi cosa decidiamo di fare, su un punto non si discute: noi saremo su quell'aereo, alle sei di domattina. Se siamo d'accordo su questo, continuiamo a parlare, altrimenti no. Ok?"
"Ok." Mi faccio confermare l'accordo un paio di volte, tanto per essere sicuro, e mi sento meglio: "Salim".
"Sì, Salim."
Si attacca al telefono, rintraccia Salim al Marriott. "Mi può dare il numero di quel suo parente della polizia di Chitral?" Pochi minuti e conversa con lo zio Mustafa.
"Ci aspetta nel suo ufficio."
L'ufficio di Mustafa mi delude. Non tanto per i muri verde pisello tutti scrostati, né per le sedie traballanti o l'igiene un po' approssimativa. Il fatto è che non sembra affatto l'ufficio di un capo.

Tre o quattro individui stanno seduti attorno a un tavolo in un angolo dell'ufficio, bevono tè e chiacchierano con Mustafa, intento a firmare documenti che gli vengono portati a fasci da un subalterno e ad ascoltare, se riesce, quel che abbiamo da dirgli.

Nonostante Kate si impegni a essere convincente, non mi faccio illusioni. Un altro fiasco, per fortuna c'è quell'aereo domattina.

Allora tanto vale giocarsela.
"Ma chi comanda qui? Chi è l'ufficiale di grado più alto?"
"Noi qui siamo la polizia. Ma l'ufficiale superiore è il comandante degli scout di Chitral."
"Potremmo parlargli?"
"Come?"
"Sì, sarebbe possibile telefonare e chiedergli se ci può ricevere?"
Il povero Mustafa deve aver capito che non è il suo giorno fortunato, ma decide di telefonare, se non altro per liberarsi di noi: "Potete andare", è un invito ma anche una speranza, "parlate con l'ufficiale di guardia al quartier generale degli scout".

Sappiamo dove si trova il comando, giù dopo il bazar, vicino al ponte.

Al cancello c'è il picchetto in alta uniforme, con i pennacchi e la spada. Ci salutano sbattendo i tacchi. Diamo loro i biglietti da visita. Ci fanno passare quasi subito.
L'ufficiale di guardia è gentile, efficiente, e non dimentica un "please, Madame", indicando a Kate la sedia. Anche a lui spieghiamo, senza entrare nei dettagli, che vorremmo vedere il colonnello, dobbiamo chiedergli aiuto.
L'ufficiale ricompare poco dopo: "Il colonnello vi prega di aspettare qualche minuto, è impegnato in una telefonata, poi vi riceverà".
Io e Kate ci guardiamo intorno, poi gli occhi si incontrano. Ci viene da ridere.
Siamo lì, nel nord del Pakistan, seduti ad aspettare di essere ricevuti da un colonnello. E quel che è peggio, siamo lì per chiedere a un militare pakistano di disobbedire agli ordini dei superiori e di violare la legge, consentendo un espatrio clandestino.
Come se non bastasse, non in un momento qualsiasi, ma esattamente nei giorni in cui il governo pakistano ostenta al mondo la sua capacità di rendere il confine impenetrabile.
Auguri, tanto è un gioco, domattina alle sei si vola.
Il colonnello Tassaduq è sorprendentemente giovane, quarant'anni passati da pochissimo, una faccia simpatica e intelligente dietro un paio di baffi molto curati. I suoi modi sono professionali e il suo inglese perfetto.
"Come posso aiutarvi?"
Comincio io, cerco di colpire le corde del cuore, il valore del lavoro umanitario, i nostri ospedali da raggiungere.
Tassaduq prende appunti, e interrompe il mio discorso con molte domande: dove sono i nostri ospedali, quanto personale, vuole notizie su Emergency. Il colonnello mi lascia parlare a lungo, poi si rivolge a Kate, con molta gentilezza: nazionalità, da che città viene e che mestiere fa, continua a prendere appunti.
"Vedete, capisco benissimo il vostro lavoro, e lo apprezzo. Mi sono trovato anch'io in paesi in guerra, ho partecipato a una missione di pace in Somalia."
Molto meglio non aprire la discussione sulle missioni di peacekeeping dell'Onu, meno che mai su quella in Somalia. Ma è meglio così piuttosto che imbattersi in un militare appena tornato dal fronte con il Kashmir.
"In condizioni normali farei un'eccezione, ma la situazione in questo momento è molto tesa. Potrebbero esserci bande ar-

mate vicino al confine, e il nostro quartier generale ha dato ordini molto precisi."

Vengono serviti tè e biscotti.

"Dov'era, in Somalia?"

"Ad Hargheisa."

"Ci sono stato, una volta, quando operavo a Berbera." Gli racconto dei molti feriti da mina, e anche lui, mi dice, ha avuto uno dei suoi soldati amputati.

"Ci aiuti, colonnello, la prego," Kate è intervenuta all'improvviso, evidentemente era un po' che si teneva dentro quell'appello accorato, ha la voce rotta, sta per piangere.

Il colonnello Tassaduq, da vero gentiluomo, si alza e porge a Kate i fazzolettini di carta profumati, che tiene in una scatola sulla scrivania.

"Abbiamo dei pazienti là, hanno bisogno di essere operati, lei è stato in Somalia, li avrà visti, sa che cosa vuol dire. Ci aiuti."

So che Kate ha colpito, bisogna insistere.

"Vorrei dirle una cosa, colonnello. Avevamo pensato di passare clandestinamente, ma poi abbiamo rinunciato. Non abbiamo niente da nascondere, se vuole la faccio chiamare anche dall'ambasciatore italiano a Islamabad. Ci conosce e può garantire per noi. Siamo solo medici che vogliono raggiungere il loro ospedale."

"Ci aiuterà, vero? Vero?" esclama Kate, e la cosa ha l'effetto di un violento uppercut: il colonnello Tassaduq guarda Kate per un paio di secondi, immobile, poi getta la spugna.

"Va bene, vedrò che cosa posso fare per voi."

"Adesso?" non molla la preda, Kate.

Il colonnello suona il campanello: entra l'ufficiale e saluta.

"Un fax per il quartier generale." Tassaduq inizia a dettare. E rivolto a Kate: "Sto scrivendo per esporre il caso e chiedere istruzioni".

L'ufficiale si ritira a battere a macchina la missiva.

"Ancora qualche minuto, poi potrò firmarlo e farlo partire."

Poi Kate dà il colpo di grazia: "Visto che sta chiedendo istruzioni, potrebbe anche scrivere che lei sarebbe favorevole a farci passare, e che chiede un parere".

"Va bene, lo aggiungerò, scriverò che io sarei per lasciarvi passare."

"E mi scusi, non per disturbarla," è la frase che Kate usa sempre, un attimo prima di cominciare a disturbare, "ma sarebbe possibile che le rispondano subito? Noi potremmo aspettare qui."

"Scriverò: urgente."

Modificato il fax e spedito a Islamabad, abbiamo continuato a chiacchierare in attesa della risposta.
"Ci diranno di sì?"
"Spero."
Ormai Kate parla di Tassaduq come uno dei nostri, e a lui a questo punto non dispiace.
Aspettiamo una ventina di minuti, Tassaduq è al telefono, Kate lo scruta, capisce che ha a che fare con il nostro permesso, gli fa segno di vittoria col pollice e chiede conferma con la testa, ma Tassaduq è impegnato in una conversazione molto seria e formale.
"Era il generale. Ha voluto discutere la questione direttamente con me, adesso ci manderanno un fax di risposta, ma questo riguarda noi. Per quanto riguarda voi, potete passare."
Kate vorrebbe baciarlo, ma si trattiene.
In compenso gli tiene stretta la mano destra, nel salutarlo, per un tempo inusuale a un militare pakistano. Tutto il tempo di dirgli, con la mano sinistra sul petto, quanto gli siamo grati, noi ed Emergency, e che cosa bella ha fatto, e come sarà contento di vederci il nostro staff, e quanto ne trarranno vantaggio i nostri pazienti...

10.
Verso il tetto del mondo

Partiamo da Chitral alle otto del mattino con tre pick-up e il morale alto, convinti di farcela.

Due chilometri, e la strada diventa uno sterrato che procede nella valle costeggiando il torrente, reso grigiastro dalle lastre di ardesia che scivolano obliquamente dalla montagna.

Poche case seminascoste dagli alti melograni, le donne al lavoro, accovacciate nei campi di mais e qualche ragazzino curvo sotto il peso di grandi fascine. La strada diventa più aspra, spuntano pietre un po' dovunque, si procede lentamente.

Ecco Garam Chashma, due ore dopo. "Dove andate?" chiedono al posto di polizia.

"In Afganistan."

Il caporale guarda stupito i suoi colleghi, che sorseggiano tè seduti al tavolone della stanza. "Il confine è chiuso, dovete tornare alla polizia di Chitral," dice uno degli agenti.

Ma chi comanda qui, la polizia o i celebrati scout?

Mastuq è la nostra guida-autista-contrabbandiere, e parla venti parole di inglese. Ci fa segno di registrare i passaporti su un librone contabile e salutiamo. "Bisogna andare a parlare col comandante degli scout."

Parcheggiamo nella strada principale, forse l'unica, dove sta il bazar. Uno scout ci viene incontro, la notizia del nostro arrivo ha già fatto il giro di Garam Chashma. Sta scortando il comandante: è quello senza divisa, veste uno shalwar blu e sandali di plastica marrone.

Discutiamo nel mezzo del bazar, con una cinquantina di spettatori che ogni tanto partecipano al dibattito.

"Va bene," dice Mastuq, "adesso andiamo a telefonare al colonnello."

"Non serve alcuna lettera," ci aveva rassicurato il giorno prima. Ci pentiamo di non aver insistito, ma forse il colonnello Tassaduq voleva dire altro, voleva che evitassimo di chiedergli per iscritto un ordine che non avrebbe dovuto dare neanche a voce.

Così ci troviamo seduti in un negozio di frutta e biscotti che fa anche da telefono pubblico.

"Aspettiamo che ci richiamino da Chitral," dice il comandante dopo una breve conversazione. Speriamo che il colonnello sia nel suo ufficio.

Cinque minuti, dieci, il telefono squilla. Il padrone del negozio è contento: "È tuo fratello", e passa il ricevitore a uno dei cinque uomini che stanno in silenzio seduti per terra davanti a noi, tra i pomodori e le ceste di spezie.

Una telefonata con i familiari lontani, che non si sentono da mesi se non da anni, e tante cose da dirsi.

Sono nervoso, è già passato mezzogiorno.

Si affaccia al negozio un giovane calvo, dal volto rotondo e con una sacca sulle spalle. "Good morning," l'accento è inconfondibilmente francese, "andate in Afganistan?" E senza aspettare risposta: "Ah, bene, così possiamo dividere la jeep e fare il viaggio insieme".

Deve aver capito il senso dello sguardo che ci lanciamo io e Kate, perché decide di presentarsi. "Sono Pascal, un giornalista free-lance francese."

Tanto piacere, ma l'ultima cosa che vogliamo adesso è un altro clandestino al seguito.

Ancora venti minuti e finalmente chiamano da Chitral, lo capiamo dalla sfilza di sissignore che pronuncia il comandante.

"Va bene, potete andare."

"Grazie davvero, non ci farebbe una lettera per i prossimi posti di blocco?"

"Non è necessario, li informeremo noi." Come, solo dio lo sa.

Mentre ripartiamo, il piccolo francese si butta la sacca sulle spalle, deluso. "Rien à faire per i giornalisti, allora ritorno al villaggio qui vicino, una guida mi ha garantito che cinque giorni a piedi e sono di là del confine, e niente controlli."

Buona fortuna.

Nelle nostre macchine, nel frattempo, hanno trovato posto anche due scout, un poliziotto, e un vecchio malandato parente del comandante, che approfittano di un passaggio per i villaggi lungo la strada.

Lasciamo Garam Chashma per una mulattiera dissestata, che si fa largo a fatica tra boschi di eucalipti e di betulle che cominciano a ingiallire.

La pista sale ripida e sconnessa, in alcuni punti si avanza a passo d'uomo tra le pozze ai lati del fiume, girando attorno ai grandi sassi aguzzi. Non resta che aggrapparsi, tenersi distanti dal finestrino per evitare testate, e pensare ad altro.

È quasi buio quando arriviamo a Shah Salim, villaggio di basse case di pietra sconosciuto alle carte geografiche, l'ultimo prima del confine. Duecento persone, tutti afgani rifugiati da qualche anno, tutti contrabbandieri, tutti e solo uomini.

Qui non ci sono famiglie, quelle sono in Afganistan o a Peshawar, questo è un caravanserraglio di contrabbandieri: trasportano vestiti e cibo in Afganistan, e le carovane di cavalli ritornano cariche di lapislazzuli e di hashish.

Il nostro arrivo suscita movimento, ci sono tutti intorno, ci fissano – soprattutto fissano Kate che distribuisce sorrisi – con la bocca semiaperta.

Fa un freddo cane. Consulto il Gps: altitudine 3264 metri.

Il "ristorante-albergo" di Neamatullah non ha neppure un'insegna ma è il ritrovo serale per molti. Najib conduce la trattativa. "Va bene, ci fermiamo qui."

"Puoi chiedere dov'è una toilette?" domanda Kate. "Non ne posso più."

"Non è possibile," risponde deciso Najib sgranando gli occhi, lui conosce Shah Salim.

"Ma che cosa stai dicendo?"

"È assolutamente impossibile," scandisce bene le sillabe, "qui non ci sono toilette, si fa tutto all'aperto. E per una donna, finché non è completamente buio, è impossibile. It's dangerous, devi aspettare un'altra ora."

Mi viene da ridere, perché sono d'accordo con Najib.

Non è questione da poco, è un problema di sicurezza. Una donna europea, probabilmente l'unica che si sia mai fermata per la notte in questo villaggio di soli uomini, potrebbe correre seri rischi.

Così Najib comunica a Kate anche i futuri orari possibili di svuotamento della vescica, ultima possibilità alle cinque del mattino, quando gli uomini sono impegnati nella preghiera.

La stanza è lunga e stretta, coperta di stuoie di bambù, i muri scrostati, due poster con qualche veduta degli ultramoderni edifici di Sydney, che qui fanno ancora più impressione.

Neamatullah cena con noi.

La nostra presenza lo sorprende e lo rende curioso: "Siete i primi stranieri che vedo qui", dice, e non fatichiamo a credergli.

Il bacha, il ragazzo che aiuta in cucina, srotola per terra un telo di plastica, lo aggiusta bene camminandoci sopra a piedi nudi, poi getta il nan, il pane piatto e rotondo, davanti ai commensali. Arrivano carne di montone e una zuppa di fagioli, non facile da mangiare con le mani raccogliendola con pezzi di pane.

Finita la cena saltano fuori l'hashish e i discorsi seri.

Neamatullah è malato, soffre di stomaco, ha qualcosa al pancreas, dice, e ha dolori alle gambe e al ventre, una caviglia gonfia e ha la tosse.

Sono questi, di solito, i momenti in cui mi defilo, cambio discorso per non passare ore interminabili ad ascoltare acciacchi e disturbi. Ma, con Kate nei dintorni, è impossibile.

Lei si dichiara felice di dare un'occhiata alle medicine che sta prendendo Neamatullah, e lui alzandosi a fatica va a recuperare un sacchetto di plastica e ne estrae cortecce e bacche, e foglie secche dai nomi impronunciabili.

E poi, il mumlaj.

"È molto caro, lo portano dall'Afganistan, dal Badakshan, costa tre dollari al chilo," e ce ne racconta la storia.

Quando i cervi stanno male, per un po' non si fanno vedere, salgono per le montagne più alte, dove nessun altro animale può salire. Spariscono.

Quando ridiscendono, sembrano tornati in perfetta forma.

Così gli afgani li hanno seguiti, per curiosità, per spiare il segreto dei cervi. E li hanno visti cercare un tipo di arbusto piuttosto duro, alto cinquanta centimetri. I cervi malati mangiano solo quello.

I badakshani hanno osservato attentamente i cervi mangiare, poi hanno aspettato che se ne andassero e si sono avvicinati: dai rametti tranciati di netto, mescolata alla saliva degli animali, fuoriusciva una resina marrone.

L'hanno mangiata, e l'hanno raccolta per coloro che si ammalavano nel villaggio. Sono stati tutti meglio, assicurano.

Così hanno continuato a raccogliere il mumlaj, una specie di pasta di caramello marrone scuro "da prendere a pezzettini, sciogliendola nel latte".

Serve, dicono, per curare le fratture e le infezioni, ed è anche molto rilassante per la mente. Alla fine il mumlaj di Neamatullah finisce nella borsa di Kate, ma lui assicura di averne una buona scorta.

Ancora un po' di tè, e la serata sta per finire. Rientra Najib con dei sacchi a pelo che stende sopra le stuoie.

"Splendida idea quella di portare sacchi a pelo per tutti," dico a Kate.

"Non li ha portati, li ha affittati qui, gliel'ho chiesto io."

"Per un dollaro," conferma Najib.

Affittare sacchi a pelo qui? E chi ci avrà dormito dentro? Scaccio il terrore delle pulci, decido di utilizzare il "mio" sacco a pelo come coperta e di non aprirlo, ma ciò non mi impedisce di iniziare a grattarmi un quarto d'ora dopo.

Cerco di pensare, per non sentire il prurito.

Il colonnello Tassaduq. Brava persona. Si è dato da fare, forse per darci una mano ha corso anche il rischio di qualche inimicizia con i superiori. Ma ha voluto spendersi. Gli ho promesso di inviargli delle foto dall'Afganistan, se le merita davvero.

Mi tornano in mente la telefonata con l'ufficiale della sicurezza Onu, e la conversazione con il capo della Croce rossa internazionale.

Che differenza. Un militare degli scout pakistani capisce perfettamente che non c'è alcun male né alcun rischio per la sicurezza o per la reputazione di nessuno, nel permettere a dei medici di raggiungere i loro pazienti.

Non ce la faccio proprio a dormire, per il freddo e per le torce che ogni dieci minuti illuminano il telo di plastica che separa il mio sacco a pelo dalla strada, distante non più di trenta centimetri. Sento i commenti e le risate: "È lì che dormono gli stranieri, c'è anche una donna".

Esco per telefonare a Cecilia. Nello stretto "ristorante" che una tenda divide dalla nostra stanza, ci sono dieci persone che sonnecchiano sdraiate sui charpoj, altri giocano a carte, una specie di tressette. L'odore del cibo si mescola con quello del fumo della stufa, dell'hashish e dei contrabbandieri.

Fuori è molto nuvoloso e c'è un vento gelido.

"Domani sarà bello," assicura Neamatullah.

Speriamo.

11.

Il doppio confine dell'Hindukush

Poco prima delle sei, siamo pronti con le redini in mano, Kate e Najib, io e Youssuf, due cavalli carichi di bagagli e altri due montati dai ragazzi che li riporteranno indietro: una carovana di otto cavalli.

Il cielo è terso, aveva ragione Neamatullah, e tra non molto sarà chiaro. Il terreno è a tratti ghiacciato.

Superiamo le due infreddolite guardie di frontiera che ci avevano fatto visita la sera prima: niente perdite di tempo con controlli e cinque dollari di mancia a testa, era stato l'accordo raggiunto.

Stiamo in silenzio sulla pista che sale in costa alla montagna per poi infilarsi in una lunga valle, avvolti nei patou di lana, il cappello tirato giù a coprire le orecchie, guanti e tutti i maglioni che riusciamo a infilarci addosso uno sopra l'altro.

Il mio cavallo non ha sella, ma due coperte ripiegate gettate di traverso e legate sotto la pancia dell'animale. Il tutto è un po' scomodo, perché scivola continuamente da un lato.

Sparisce Shah Salim. Intorno a noi, adesso, solo montagne senza alberi, le cime già coperte di neve: poco lontani, i primi picchi dell'Hindukush, la parte più occidentale delle catene del Karakorum e dell'Himalaya. Le montagne più alte, silenziose, disturbate solo dai rumori del vento e degli zoccoli dei cavalli.

Fa davvero freddo, ma per fortuna ci si può rannicchiare e avvolgersi completamente nel patou, i cavalli non hanno bisogno di una guida, sanno benissimo dove andare, non c'è altro sentiero.

La pista sale a zigzag molto ripidi, i cavalli fanno fatica e tendono a fermarsi spesso. "Chu, chu, chu," è il verso che fanno gli afgani toccando i loro cavalli col frustino per spronarli, cerco di imitarli con risultati alterni.

Un paio d'ore, e mi sento un po' strano, un senso di vuoto, il respiro affannoso, quota 3810 metri.

Seguo il suggerimento di Najib: "Mastica in continuazione mentre saliamo e starai bene". Il cavallo che porta la bombola d'ossigeno è, in ogni caso, cinquanta metri più avanti. Si continua a salire, incontriamo solo qualche decina di capre e due contrabbandieri sulla via del ritorno.

Ai lati della pista, qualche carcassa di cavallo di cui è rimasto solo lo scheletro e la pelle diventata cuoio.

Dopo altre tre ore si scorge il passo di Dorah, sopra di noi. "Vedi quei tumuli di sassi?" mi indica Najibullah. "Tutta gente che è morta qui, probabilmente sorpresa dal maltempo." La cosa non crea buonumore anche se oggi c'è solo qualche nuvola, per il momento.

Ora si procede molto lentamente, i cavalli sentono l'aria rarefatta, ciondolano la testa e sbavano, il ghiaccio del mattino non si è ancora sciolto sul terreno pietroso.

Il passo di Dorah è in cima a uno stretto pianoro, le cime dell'Hindukush sono tutt'intorno a noi.

Altitudine 4825 metri, è come essere a cavallo in cima al Monte Bianco, anche se non se ne ha l'impressione, a guardare le vette lì a fianco che salgono altissime.

E in faccia a noi, e sotto gli zoccoli, la terra degli afgani.

È il confine, ce l'abbiamo fatta. Ci guardiamo felici, senza dire una parola. È il confine tra il Pakistan e l'Afganistan.

Scendiamo da cavallo e ci fermiamo solo qualche minuto. Non c'è tempo per foto ricordo, Najib ha fretta di proseguire, sono già le dieci.

La discesa è molto ripida e fa paura. Bisogna stare con il peso del corpo tutto all'indietro, e sento la biada dei cavalli, che sta nel sacco legato dietro alle mie natiche, che mi si infila nei vestiti, ma sono troppo impegnato a tenermi in sella, con il cavallo che ogni tanto scivola sui sassi.

Raggiungiamo un piccolo pianoro dove i cavalli si abbeverano.

Questo confine è fisicamente faticoso da passare, penso, ma in fondo è solo una montagna, anche se grande, maestosa e inquietante da qualsiasi parte la si guardi.

C'è però un altro confine, su quella montagna, che non richiede alcuno sforzo fisico, ma è molto più difficile da passare con la mente: il confine con l'Afganistan è anche il confine che ci separa dalla guerra.

Che cosa vuol dire guerra?

Quante volte, in questi anni, abbiamo sentito inneggiare alla guerra in tutte le sue varianti più indecenti?

Attacchi mirati, ancora una volta "chirurgici", invasione, razzi, commando, effetti collaterali.

Il presidente della più grande superpotenza ha persino usato il termine "vivo o morto". Credo sia difficile immaginare una formula più disumana e più stupida di "vivo o morto". Come se fosse la stessa cosa. Come se l'una o l'altra condizione fossero indifferenti, intercambiabili, cosa di poco conto, insomma.

Si parla della guerra: la facciamo o non la facciamo, con chi stiamo, che posizione prendiamo, come la combattiamo. Parlare, discutere, litigare sulla guerra.

E viverla?

Come si sta a viverla? Che cosa si pensa, quando la si vive? Che cosa si prova, dentro la guerra? Quali miserie, quali angosce, come si trema durante la guerra?

Proviamo a guardare alla realtà di chi ne viene coinvolto, proviamo a passare il confine. Proviamoci. Non dico a sperimentare la guerra sulla nostra pelle – non sono così masochista –, ma almeno a cercare di capire la guerra.

Cominciamo ad ascoltarne le storie, che sono storie di uomini, le nostre storie. Credo che conoscerle sarebbe sufficiente, a quasi tutti noi, per cambiare idea sulla guerra.

Storie vere, non manipolate, la storia di Jamila e quella di Waseem che hanno perso tre figli e che sono rimasti l'una senza una gamba e l'altro senza gli occhi.

Proviamoci. Dopo, forse, potremo parlare di guerra a buon diritto, e quasi certamente ne parleremo in modo diverso.

Perché non si tratterà più di essere musulmani, ebrei o cristiani, né di essere di destra, di centro o di sinistra, per farsi un'opinione sulla guerra.

Basterà ricordare quelle storie, e mettere Anna al posto di Jamila, e Mario invece di Waseem. Ciascuno di noi ha il suo Mario e la sua Anna, comunque si chiamino.

Questo è il vero confine, quello più difficile da attraversare.

Fare propria, rispettare l'esperienza degli altri, quello che stanno provando, non ignorarla solo perché riguarda "altri" anziché noi stessi.

Perché se uno di noi, uno qualsiasi di noi esseri umani, sta in questo momento soffrendo come un cane, è malato o ha fame, è cosa che ci riguarda tutti.

Ci deve riguardare tutti, perché ignorare la sofferenza di un uomo è sempre un atto di violenza, e tra i più vigliacchi.

Come la sofferenza sempre ignorata e calpestata degli afgani, gente che vive su questa terra che presto verrà, ancora una volta, profanata dalle bombe.

Qui, nella vita degli afgani è il vero confine, il territorio della mente che dobbiamo ancora esplorare per capire la guerra, e per odiarla.

Con le pietraie del passo, bisogna lasciare alle spalle anche il pensiero occidentale. Siamo in Afganistan.

"Vivo o morto" è diverso, ora.

Ora siamo dentro la guerra.

La discesa dura più di tre ore, e la fatica è ripagata dalla vista del lago, giù in fondo, di un turchese brillante come un gioiello navajo, in cui penetrano zampe di montagne senza ombra di vegetazione.

L'ultimo tratto è il più ripido. Uno dei cavalli coi bagagli scarta e scivola in una curva, le valigie si spostano, finisce per cadere.

"Nessun problema, continuate," dice Najib che di cavalli se ne intende, e ne dà dimostrazione mezzora dopo, lanciandosi in una galoppata veloce verso le nostre jeep schierate vicino alla riva del lago.

Tre jeep, sono venuti a prenderci fin qui da Anabah, distante giorni di viaggio. Ci sono i nostri amici afgani ad aspettarci, Jalil e Ali Jan, Mian Aga, Habib e Wali. Ci hanno atteso lì, a 3850 metri, per cinque giorni, facendo il fuoco la sera e dormendo sui sedili.

Prendiamo il tè vicino all'acqua turchese, Jalil ha steso una coperta e preparato il thermos e i biscotti, poi carichiamo le jeep e riprendiamo il viaggio.

"Dobbiamo cercare di arrivare a Baharak entro sera," dice Najib, "è il primo posto dove si può trovare da dormire."

"E quanto ci vorrà?"

"Sette ore, Inch'Allah."

Dal lago esce un torrente, che poi si unisce agli altri corsi d'acqua che scendono dalle valli laterali, e alle cascate e alle sorgenti, a formare il fiume Badakshan.

La pista è quel poco di fondovalle lasciato libero dalle acque, più volte dobbiamo attraversare la corrente per riprendere il greto. Perdiamo mezzora per tirare fuori una delle jeep finita incastrata fra le rocce.

Poi la gola si apre un poco e il fiume, ora verde smeraldo, trova il suo letto e scorre più tranquillo. In due ore siamo a Jungle: è il villaggio dei contrabbandieri da questa parte del confine, nome appropriato, qualche cavallo, persino due pick-up a far da taxi, in attesa di improbabili clienti.

Percorriamo tutta la valle di Topkana, e vicino a Zebag – famosa per il mumlaj, dovremo ricordarci di prenderne un po' per Neamatullah, se ripassiamo di qui – incominciano le orme della guerra.

Un carro armato russo appollaiato in cima a un dosso, poi, dopo la curva, le pareti diroccate del vecchio villaggio. E tutt'intorno centinaia di metri di filo spinato vecchio di vent'anni, che in molti punti si è squagliato lasciando ampi varchi.

"Qui c'erano i russi, questa era la loro base. È pericoloso, qui è pieno di mine," dice Jalil, alzando il braccio in un ampio gesto che si spinge fino alla montagna. "Molte, troppe mine."

Ai lati della pista, montagne di scatolette arrugginite, le vecchie razioni dell'Armata Rossa. Raggiungiamo un bivio, a sinistra la pista va verso Baharak.

Il fiume è grande ora, costeggiato da alte betulle, le rive in alcuni tratti sono sabbiose, c'è anche fango, bisogna guidare con attenzione per non piantarsi, specie dopo il tramonto.

Raggiungiamo Baharak verso le otto.

Il villaggio è al buio, le strade vuote, i negozi sprangati. C'è un'unica luce vicino alla rotonda principale: qui stanno una ventina di uomini a bere il tè, a chiacchierare e mangiare pezzi di montone, attorno a una lampadina alimentata da un piccolo generatore.

Ci fissano attraverso i finestrini come fossimo marziani, mentre Ali Jan conduce le trattative per trovare un posto dove dormire. Non sembra facile.

Mian Aga e Jalil spariscono in direzioni opposte alla ricerca di un tetto, e noi li aspettiamo seduti in macchina, a far da teatrino ai locali che adesso sembrano molto divertiti dalla nostra presenza.

Mezzora. "Il meglio disponibile è di accamparci nella clinica veterinaria, un chilometro al di fuori del paese," è il risultato della ricognizione.

Due stanze dal pavimento lercio, costellato di siringhe usate, pezzi di carta, forbici rotte e garze sporche di sangue. Ma si può fare: dopo una buona ripulita, troviamo posto tutti e nove.

C'è un ampio pianerottolo in cemento davanti alla clinica, stendiamo due coperte e prepariamo la cena, mentre Wali ascolta la radio, la Bbc in persiano, per avere novità sulla guerra.

Najib cerca di rintracciare con il satellitare il responsabile dei voli dell'Alleanza del Nord, il nostro amico Haji Ashraf. Vuole chiedere se domani possono mandare un elicottero a prelevarci. Non sarebbe male, dopotutto siamo in viaggio da quasi dieci giorni.

Non ci sono grandi novità, né sulla guerra né sull'elicottero.

"No, non c'è conferma," ci comunicano via satellitare dall'ufficio della Alleanza in Panchir, "ci dovrebbe essere un elicottero che parte nel pomeriggio da Faizabad, ma non possiamo garantirvi che venga fin lì."

E noi non possiamo rischiare di andare fino a Faizabad, ad aspettare un elicottero che forse non potrà arrivare per giorni e giorni.

Bisognerà continuare in jeep, dobbiamo essere in Panchir al più presto, meglio andare a letto subito, dopo l'ultima tazza di tè caldo. Tutti d'accordo, sveglia alle tre e mezza, partenza alle quattro.

Rispetto alla notte precedente, la clinica veterinaria è un bel passo avanti, soprattutto per Kate: c'è un giardino all'aperto, al riparo da occhi indiscreti.

12.
La via delle armi

Il villaggio dorme ancora quando i motori delle nostre auto svegliano il ragazzo di guardia al check point. Infreddolito, ci si avvicina avvolto nel mantello, ci riconosce, possiamo passare.

Viaggiamo da mezzora su una strada sterrata che da Baharak piega verso sud, verso la lontana valle del Panchir. Ci fermiamo, Jalil confabula con un contadino, e poi più concitatamente con Najib.

"Dobbiamo tornare indietro, a pochi chilometri è crollato il ponte e non c'è modo di passare." Incominciamo male la giornata.

"Dobbiamo costeggiare il fiume, non c'è altra scelta."

"C'è una pista?"

"Sì, a tratti, ma non è bella," dice serio Najib. Ce ne rendiamo conto presto, quando la corrente quasi porta via una delle jeep, e riusciamo con fatica a riguadagnare la riva del fiume.

Procediamo a mezza costa per un paio di chilometri, salendo per una ripida mulattiera larga cinquanta centimetri più della nostra macchina, mentre il fiume sotto di noi si fa sempre più piccolo. Sono ossessivo nel ripetere a Najib che è al volante: "Stai contro la montagna, stai contro la montagna".

Mi rendo conto di rompere, ma ormai è più di un'ora che penso "cazzo, una curva sbagliata, un sasso che porta due spanne fuori traiettoria e siamo fottuti".

Anche Najib è teso, forse anche lui si chiede cosa faremmo, se da una curva spuntasse un bel gregge di capre e fossimo costretti a fermarci.

Poi all'improvviso la ruota posteriore sinistra ha uno strano fruscio, sembra non aderire più al terreno... Un paio di secondi possono diventare lunghissimi, in alcune situazioni.

Ma la jeep è robusta e Najib è bravo. Schiaccia l'acceleratore

con dolcezza, poi una piccola sterzata, la macchina riprende stabilità. Superiamo la curva, ora si va un po' in discesa.
"Doveva esserci del ghiaccio."
"Già."
"Nessun problema," dice Kate, "volete dei biscotti, o preferite che ci fermiamo a far colazione tra un po'?"

Jalil, che fino ad allora era stato in silenzio, seduto di fianco a me sul sedile posteriore, ondeggia lentamente il capo. Lo conosco, è il suo modo di fare quando è preoccupato. Conversa animatamente in *farsi* con Najib, probabilmente gli sta rimproverando di stare troppo sul ciglio. Capisco solo che anche loro hanno paura.

Jalil fuma, dobbiamo aprire i finestrini per l'odore intenso dell'hashish. Non so dargli torto. Se bisogna finire là sotto, meglio andarci di buonumore.

Riscendiamo verso il fiume che ora va veloce tra piccole rapide. "C'è pesce lì dentro?"
"Sì, ce n'è tanto." Saranno trote.

Poco più di un mese fa ho passato alcuni giorni a pescare trote sulle montagne dell'Austria. Dovrò procurarmi qualche mosca artificiale, la prossima volta che vengo in Afganistan.

Va un po' meglio, la paura sta passando, sarà perché adesso c'è un tratto pianeggiante, la pista costeggia il fiume, tra grandi arbusti alti due metri dalle bacche rosse e dalle foglie gialle e mattone. Non dura molto.

Stiamo per riprendere a salire, lo dobbiamo fare ogni volta che la valle si restringe, ma la pista è adesso più larga, per fortuna. C'è qualcuno che si sta sbracciando lassù, dove c'è la curva. Najib si ferma, Jalil e io andiamo a vedere.

Faccio fatica a camminare, per l'altitudine e per gli scarponi un po' troppo piccoli comprati in fretta a Islamabad.

Dietro la curva ci sono sette camion.

Che ci fanno qui, come è possibile far passare un camion, anche se di piccole dimensioni, su questa pista?

Ricordo la frase di Najib il giorno prima, nei pressi di Topkana: "Questa pista l'ha fatta costruire Ahmad Shah Massud, durante la guerra coi russi".

Conquistata Topkana, il Leone del Panchir aveva fatto aprire una strada sterrata che dalle pendici dell'Hindukush raggiungeva Baharak, per proseguire verso il Panchir, in modo da garantire rifornimenti ai mujaheddin. Stiamo percorrendo la via delle armi.

Attorno al primo camion, leggermente inclinato, c'è un gran vociare, e gente che si muove freneticamente. Ci avviciniamo, la ruota posteriore destra penzola nel vuoto, gli afgani sono già al lavoro.

Bisogna aspettare. "Ci vorrà almeno mezzora," sentenzia Jalil.
Mi siedo su una roccia, mentre lui si unisce al gruppo di afgani.
Chissà quanti camion sono passati di qui in più di vent'anni, carichi di armi, per alimentare la guerra di turno. Chissà quanti uomini sono morti, solo per trasportare armi.

Odio la guerra, che sia fatta dai russi o dagli americani, da Osama o da chicchessia.
Carlo, che dirige la rivista di Emergency, ha scritto, mi pare l'anno scorso, un articolo in cui cita Trasimaco. Non lo avevo mai sentito nominare, come del resto la maggior parte degli italiani. Ma, per Carlo, Trasimaco è pane quotidiano.
Carlo cita Trasimaco, e spiega che la citazione viene in realtà da Platone. È lui, Platone, ad attribuire al sofista Trasimaco la seguente frase: "Il giusto altro non è che l'utile del più forte".
È stata scritta venticinque secoli fa.
Se capisco bene, Trasimaco vuol dire che tutto quello che viene presentato come assoluto, il "giusto" – ma potrebbe essere anche la "verità", o la "libertà", o la "democrazia" – non è poi quella cosa certa, perfetta, immutabile, indiscutibile.
Trasimaco sostiene, al contrario, che il giusto e la giustizia sono solo l'applicazione della legge dettata dai vincitori di turno – è proprio vero, quando mai le leggi le hanno fatte gli sconfitti? – e che quelle leggi fatte "dal più forte" finiranno inevitabilmente per servire i suoi interessi.
Che cosa c'entra con la guerra? Molto.
Perché è proprio il negare l'evidenza di Trasimaco – nascondendo a tutti i costi dietro sommi principi e parole roboanti il fatto che stiamo solo facendo il nostro interesse – che ci fa poi sentire portatori della verità, depositari dell'assoluto, paladini del bene, giudici supremi, baluardi della civiltà, gendarmi del mondo.
Se dimentichiamo Trasimaco, se lo censuriamo, allora ci sentiamo nel giusto, anzi nel Giusto. E anche le nostre azioni, almeno ai nostri occhi, troveranno giustificazione. Di più: saranno giuste.
In Afganistan molti esseri umani sono morti, perché a molti è stato utile, e perché molti si sono sentiti nel giusto.

Il gruppo di afgani, e Jalil con loro, ha iniziato ad accumulare sassi, terra e rami per creare un supporto alla ruota del camion.
Guardo la valle davanti a noi, e le montagne tutto intorno.
Qui si è decisa la fine della Guerra fredda. Quando i sovieti-

ci, dopo molte esitazioni, attraversarono il confine dell'Afganistan nella notte di Natale del 1979, i gruppi islamici – già organizzati in partiti – erano al lavoro da quattro anni, per destabilizzare la fragile Repubblica afgana.

A loro, futuri mujaheddin che operavano perlopiù da Peshawar, sembrò giusto organizzare la guerriglia contro un governo, quello del presidente Daud, che consideravano "non islamico" ed esposto al contagio sovietico.

All'Unione Sovietica, che da quindici anni forniva aiuti all'Afganistan per assicurarsi un confine amico, sembrò giusta l'invasione per "aiutare il popolo afgano" – nel frattempo c'era stato il colpo di stato marxista di Taraki e Amin – e per non perdere l'influenza nella regione.

Agli Stati Uniti sembrò giusto intervenire con fiumi di armi e danaro per i combattenti islamici.

E all'Arabia Saudita sembrò giusto lanciare la tecnica del "matching fund": un dollaro per aiutare la guerra santa per ogni dollaro stanziato dagli Usa per finanziare la guerra al comunismo.

E al servizio segreto pakistano, l'onnipotente Isi, sembrò giusto che le armi, anziché essere distribuite a pioggia, finissero in mani "sicure", di fratelli musulmani fedeli alla causa.

Così non c'è da stupirsi se alla fine a qualcuno sembrò giusto invitare anche i fratelli sparsi per il mondo a venire, con la scusa di combattere il comunista, per addestrarsi a uccidere l'infedele, il diavolo, il grande Satana.

La Guerra fredda, una volta diventata "proxy war", guerra per procura, su commissione, si è così trasformata nella guerra santa. La jihad.

Tutti agirono giustamente, cioè fecero quel che loro conveniva fare, secondo il proprio interesse.

E l'Afganistan? Non i deserti di roccia e di sabbia né le fertili piane, ma i ragazzi, le donne, i bambini, i meravigliosi vecchi dell'Afganistan?

Mentre tutti agivano nel giusto, per la causa, i cittadini dell'Afganistan venivano uccisi. Quasi due milioni. Mutilati e invalidi, almeno altrettanti. Costretti a fuggire, oltre quattro milioni.

In percentuale? Il dieci per cento della popolazione è morto, il dodici per cento è invalido, il venticinque per cento vive come rifugiato. E quasi tutti gli altri sono poveri, allo stremo, disperati.

E allora, nonostante tutti abbiano agito in difesa della civiltà o della libertà, della religione e della patria, del mercato e della democrazia, nonostante tutti abbiano agito per il "giusto", non è stato giusto.

Per niente, anzi è stato un crimine mostruoso contro l'umanità, perché si sono inflitte a uomini, donne e bambini sofferenze atroci. E ci si sta preparando a infliggerne di nuove. In Afganistan si è creato il mostro.

Jalil mi dà un tocco sulla spalla, dobbiamo muoverci.
Non mi ero accorto che il vecchio Kamas russo avesse acceso il motore: il sostegno che gli afgani hanno costruito sotto la ruota, lavorando con una mano, aggrappati agli arbusti per non precitare nel vuoto, sta funzionando. La ruota fa presa, il camion riparte.

Dobbiamo indietreggiare, non c'è spazio per noi e per il camion: mi sento un po' goffo nel correre giù per la discesa, insieme con Jalil. Immagino le risate di Kate e di Najib nel vederci arrivare inseguiti da un camion.

Alle nostre jeep, invece, ci sono solo Mian Aga e Wali. E gli altri, dove diavolo saranno? Ricompaiono dopo pochi minuti, Kate si strofina i capelli, era andata a fare lo shampoo nel fiume.

"Bisogna mantenere i propri standard, mio caro, in ogni situazione," dice con civetteria, infilandosi in macchina.

Davanti a noi sfilano lenti i camion: "Vanno verso il confine col Tagikistan, per rifornire di carburante i mujaheddin".

Tutti portano grandi foto di Massud listate a lutto incollate al parabrezza.

Kate ha gli occhi lucidi.
Per un po' aveva sperato che il Leone del Panchir potesse farcela. Poi aveva perso fiducia, lo sentiva, lo sapeva.

Adesso lo vediamo, l'abbiamo lì sotto gli occhi, nei poster sui camion, negli stracci neri che segnano a lutto ogni baracca che si incontra lungo il sentiero.

Massud è morto, assassinato. "È morto quasi subito, sette minuti dopo," mi aveva detto Mian Aga, che si trovava nello stesso villaggio quando i due kamikaze, spacciandosi per giornalisti, avevano fatto esplodere la bomba nascosta nella telecamera.

La morte di Massud era stata tenuta nascosta per alcuni giorni. Per ragioni politiche ma anche, voglio sperarlo, per dar tempo a molti afgani di abituarsi a tirare avanti senza il loro capo.

Non è facile, non sarà facile. Massud era amato, seguito, era l'eroe degli afgani. Chi ha ucciso Ahmad Shah Massud?
E perché?
Il 9 settembre viene assassinato il più importante leader af-

gano, sopravvissuto a decine di attentati e centinaia di battaglie, l'unico futuro leader possibile.

E l'11 settembre, dopo la tragedia di New York, l'attenzione del mondo è sull'Afganistan, che presto diventerà il bersaglio di una guerra impari.

Una coincidenza, o c'è un legame tra i due eventi?

Perché è stato ucciso Massud?

Solo il giorno in cui ci sarà una risposta a questa domanda, si potranno capire davvero gli avvenimenti dall'11 settembre in poi.

Riprendiamo il viaggio, siamo in ritardo e perdiamo un altro quarto d'ora quando si stacca la marmitta della nostra jeep. Gli autisti fissano in qualche modo il tubo di scarico, e via verso Anjuman, anche se ora la macchina fa il rumore di un carro armato.

Le jeep avanzano lentamente sui sassi rotondi che costeggiano le anse del fiume, levigati dalla corrente delle rapide. Appena dietro la curva, il ponte è crollato.

Un ponte di legno, fusti d'albero a sorreggere assi e lastre di metallo tolte da qualche automezzo militare in rovina. Ora è finito nel fiume molti metri più in basso, insieme con il camion che aveva cercato di attraversarlo e che ora sta grottescamente in verticale.

Bisogna guadare, il fiume non è profondo in questo punto: fissiamo le jeep con il cavo metallico dell'argano, in modo da poterle tirare fuori, dovessero finire in una pozza profonda. Non si riesce a sterzare a sinistra, contro la corrente, ma per fortuna non ci sono grandi massi davanti a noi.

Passiamo tutti, un bel sollievo. Siamo stanchi.

"State tranquilli, poche ore e saremo ad Anjuman," interviene Kate, "e allora vedrete. Ma sai quanti turisti pagherebbero migliaia e migliaia di dollari, per fare questo viaggio?"

Sbuffo con sufficienza.

"Non mi credi, aspetta e vedrai."

E ricominciamo a salire. Il passo di Anjuman, a 4500 metri, è la porta di accesso al Panchir.

C'è un lago azzurro davanti a noi e in fondo, ai piedi della pista che porta al valico, si intravede l'"hotel" che ci aspetta.

"Cosa vi dicevo? Guardate, non è fantastico? Un paradiso."

Sono mesi che Kate ci racconta di Anjuman, di quando c'è stata la prima volta, arrivando dal Panchir, per due giorni di vacanza: le cavalcate in riva al lago, le montagne, il silenzio, l'hotel.

"Non è fantastico?"

Jalil mi guarda e sgrana gli occhi scuotendo il capo: "Che cosa c'è di fantastico? Nulla, assolutamente nulla. Roma sì che è fantastica".

Non ci è mai stato, ma ha visto alcune cartoline.

Abdul Ahmad, che ha cinquant'anni e ne dimostra il doppio, ci viene incontro sulla porta dell'hotel, è molto cordiale con Kate, come si fa con i clienti affezionati.

L'hotel è un monolocale in pietra, forse dieci metri per cinque, alto quanto basta da obbligare a camminare ricurvi. Multiuso, diremmo noi: fa da cucina, soggiorno, sala da pranzo e camere da letto. Appese al muro, reso nero dal fumo della stufa, due lampade a olio.

Siamo stanchissimi, si sta facendo buio, portiamo dentro i bagagli.

Ci aiuta Anwar, il figlio di Abdul, che ha sedici anni. Ci sediamo sulle coperte a prendere il tè. Fuori, calato il sole, il vento è gelido.

Mentre Anwar accende la stufa e brucia rovi spinosi e rotondi come spugne marine, Abdul si siede con noi. "Anche Anwar si sposa," ci comunica solenne, "con una del Badakshan. Mi costa molto: due mucche, venti pecore e cinquanta litri di olio."

"Però anche l'ultimo figlio è sistemato," lo rincuora Kate.

"Sì, adesso resto solo io da sposare," ride di gusto.

Abdul Ahmad è vedovo, ma non smette di raccontare che c'è una donna che lo aspetta per sposarlo, in America. Una giovane turista incontrata trent'anni prima, quando lui lavorava in un albergo della capitale, il Kabul Hotel, e non c'era ancora la guerra. "Avrei dovuto partire allora," resta il suo rimpianto ricorrente.

È tempo di preparare la cena, mentre due bambini lerci e poco vestiti – come faranno con questo freddo, coperti solo da una giacchetta di cotone decisamente sotto misura? – ci osservano incuriositi dalla porta, e scappano via non appena li invitiamo a farsi vicini.

Cerco qualcosa da leggere per distogliere lo sguardo da Abdul: sta "lavando" le ciotole di alluminio passando dall'una all'altra un po' di acqua sporca, per asciugarle poi con lo stesso straccio che gli ho visto adoperare, negli ultimi minuti, per pulire il pavimento della stanza nonché il suo naso.

Credo proprio che stasera salterò la zuppa.

Le trote del lago, in compenso, sono deliziose.

Prendiamo il tè nella stanza semibuia mentre Anwar riempie di nuovo la stufa di rovi. Mi sdraio per terra senza neanche svestirmi, con una coperta piegata sotto la testa a far da cuscino. Anche domani sveglia alle tre e mezza. Sta diventando un'abitudine.

Il dopocena afgano sta per cominciare: è intorno al tè che si scambiano informazioni sui parenti e sulla guerra, sugli affari e sul raccolto, su chi si è fatto vivo e su chi invece è morto.

Mi addormento mentre Abdul si lamenta di un paio di bande di nomadi predoni che gli sono già costate dieci capre e qualche pecora, in aggiunta a quelle sborsate per il matrimonio di Anwar, che sposerà una del Badakshan...

13.

In Panchir

La notte non è stata tra le migliori, per tutti. Spesa perlopiù a cercare una posizione comoda sul pavimento duro e irregolare, interrotta da grattamenti selvaggi causati da animaletti non identificati.

Mi sveglio per il freddo e ne scopro subito la causa: una piccola capra si sta divertendo a leccarmi mano e avambraccio. Non l'avevo notata la sera prima, nello stendere le coperte vicino alle pelli accatastate a ridosso del muro. Sono passate da poco le tre del mattino. La mia notte finisce lì, in ogni caso tra poco saranno tutti in piedi.

Abdul ha preparato il tè e c'è del nan, il tipico pane arabo.

Non avere i servizi in camera può essere scomodo, ma ha indubbi vantaggi. Permette di vedere il cielo di Anjuman in piena notte, con la Via Lattea che fa brillare il lago e un'infinità di stelle, e di ascoltare il silenzio delle vette e il vento gelido che spazza il pianoro.

Il passo di Anjuman è ghiacciato il mattino, ma ormai il nostro morale è alto. "Signore e signori, vi informiamo che abbiamo cominciato la nostra discesa verso il Panchir, dove prevediamo di atterrare..."

Undici ore più tardi. Che impieghiamo nel percorrere l'unica pista che scende per la valle, coperta di neve nel primo tratto, aspro e molto esposto, poi più dolce sul lato del fiume, tra i campi di grano e i villaggi dove ogni casa espone uno straccio a lutto.

Siamo a casa. Bazarak, Rokha, Anabah, l'ospedale.

Ci fanno festa all'arrivo, abbracci e mazzi di fiori, molti nel villaggio sapevano del nostro passaggio per le montagne, e hanno sperato che ce la facessimo.

In ospedale ci sono molti feriti, una corsia è piena di mujaheddin, ne riconosco un paio. È una curiosa sensazione. Li notiamo subito, come una presenza insolita: siamo talmente abituati ad altri pazienti, alla popolazione ferita, che avvertiamo immediatamente come strana la presenza di combattenti in un ospedale per feriti di guerra.

È l'ultima settimana di settembre, per l'Alleanza del Nord la guerra sta per entrare in una nuova fase. È ormai imminente l'attacco americano contro i talebani, e l'Alleanza non starà certo a guardare.

Giù al fronte, nel frattempo, combattono spesso, forse si stanno assicurando le posizioni migliori, prima della resa dei conti. Tra gli altri risultati, c'è la nostra corsia piena di mujaheddin.

"Sono tre giorni che hanno cominciato a spararsi, e che la via di Tagab è chiusa," ci aggiorna il dottor Afan, "siamo stati fortunati: i nostri che erano a Kabul hanno fatto appena in tempo a venire qui, credo siano stati tra gli ultimi a passare."

Così ci siamo tutti e nove, perfetto. Non sarà male riunirsi e discutere il da farsi, la situazione sembra caotica e i nostri un po' disorientati.

Il team è stanco, ha avuto molto lavoro per tutta l'estate, con lunghe notti in sala operatoria, e adesso la situazione è peggiorata.

E poi sono preoccupati, i nostri amici curdi. Jabbar e Khalid non si sentono affatto tranquilli: il fatto che io e Kate e Youssuf li abbiamo raggiunti li fa sentire meglio, ma vorrebbero comunque tornare a casa presto, chi ha problemi con la moglie e chi con la famiglia della moglie.

Informiamo tutti sulle trattative in corso coi talebani per una riapertura immediata dell'ospedale di Kabul, ma la cosa non suscita grande entusiasmo.

Pazienza. È stata una giornata faticosa. Meglio andare a casa e scaricare i bagagli, e poi Shrin Aga avrà buttato la legna nella stufa dell'hamam.

Sogno una doccia da quando siamo partiti da Chitral.

Sono giorni frenetici cui il Panchir non è abituato.

Di solito, qui tutto avviene lentamente, spesso in silenzio. Anche le tragedie si consumano in modo discreto, quasi che gli uomini siano attenti a non disturbare molto la valle.

Ora invece gli automezzi militari passano in colonne rumorose, gruppi di mujaheddin camminano per il bazar battendo il passo e facendo tintinnare le bandoliere, si respirano nuovi venti di guerra.

E con la guerra alle porte i giornalisti arrivano a frotte dal

Tagikistan, gli elicotteri fanno la spola a trasportarli in Afganistan, gira voce che a Dushambè siano in molti in attesa di un volo.

Anche noi siamo in attesa che qualcuno ci raggiunga da Dushambè.

Un giorno dopo l'altro, con la tensione che sale per la nuova guerra all'orizzonte, alcuni dei nostri infermieri curdi, compreso Youssuf, sono visibilmente sottotono, distratti.

Giovedì 27 settembre Afan mi si avvicina nella mensa dell'ospedale.

"Posso parlarti dieci minuti?"

"Va bene qui?"

"Certo. Senti, ne abbiamo discusso per tre sere di fila e abbiamo deciso: non ce la sentiamo di venire a Kabul."

"Sarebbe a dire?"

"Troppo pericoloso. Nessun problema a continuare qui in Panchir, ma non verremo a Kabul, non prima dell'attacco."

"Scusami, 'abbiamo' discusso, 'abbiamo' deciso... chi?"

"Tutti, noi sette."

È un brutto colpo, anche perché solleva grandi problemi.

In situazioni analoghe, quando si devono prendere decisioni importanti, capita spesso di avere la testa piena di idee, istinti, tentazioni e ragionamenti contrastanti. Quanto ci sarà da rischiare, per quanto tempo, e se si mette davvero male come ne usciamo, serve, ne vale la pena, e tanti altri dubbi.

Non è facile mantenere la razionalità: a condizionarla è la paura, una paura vera, giustificata, assolutamente legittima.

Se ne era parlato, in molti team di Emergency, del problema della paura, che purtroppo accompagna spesso le nostre missioni. In certe situazioni la paura è normale, non dovrebbe far paura.

Ma bisogna scegliere, pur mantenendo le proprie ansie. Se si pensa di farcela a lavorare e controllare la paura, bene. Altrimenti, meglio dire di no, una scelta sbagliata potrebbe diventare un fattore di rischio in più.

Così, le parole di Afan per un certo verso non mi stupiscono, anzi le apprezzo per la sincerità: non possiamo rischiare di trovarci a Kabul con un team non in grado di lavorare.

Però mi disturbano, anche. Avrei preferito non ci fossero riunioni separate nel team, sette persone che discutono tra loro e poi comunicano i risultati tramite portavoce. Avrei preferito che ciascuno di loro esprimesse i propri dubbi, le proprie paure. Avrei probabilmente capito, e sicuramente rispettato, le decisioni di ognuno.

Così per il momento io e Kate siamo gli unici con lo zaino

pronto, nel caso Zaheed ci dia buone notizie da Kabul. Lo risentiremo dopodomani.

"Falcon 10, Falcon 10," Kate chiama via radio dall'ospedale. "È arrivato Marco." Questa sì è una splendida notizia.

Perché Marco Garatti non è solo un ottimo chirurgo, ma è una delle persone più piacevoli da avere intorno. Crede fino in fondo in quello che fa, ed è di quelli – non so se abbia a che vedere con le origini bresciane – che si rimboccano le maniche e piegano il groppone finché il lavoro non è finito e ben fatto.

L'ultima volta che abbiamo lavorato insieme è stato l'anno scorso, ad Asmara, durante la guerra tra Etiopia ed Eritrea. Due mesi, sala operatoria pressoché in continuazione, con Sergio a fare da anestesista e a doversi dividere sempre tra più sale. È bello sapere che Marco è qui.

E non è solo: con lui ci sono anche Fabrizio e Alberto. Due anni prima, nella valle del Panchir, avevano girato *Jung, nella terra dei mujaheddin*, splendido spaccato dell'Afganistan di Massud e del lavoro di Emergency, un documentario – ma gli viene la febbre alta solo a sentire pronunciare la parola, per loro *Jung* è "il film" e basta – che ha fatto con grande successo il giro del mondo.

Adesso sono di nuovo con noi, cinepresa e giacche a vento, teste rasate e cappellini di lana, sempre vestiti di nero, sempre muovendosi in coppia, quasi indistinguibili.

Scaricano un'enormità di zaini e casse nel cortile di casa, sotto i nostri occhi stupiti. "Non preoccupatevi, non è tutto. Il resto è con gli altri, saranno qui a minuti, erano appena dietro di noi."

"Quali altri?"

"Ci sono anche Maso e Giulietto."

Maso, che non deriva da uno scontato Tommaso ma da un più raffinato Masolino, è giornalista e collabora con Emergency nel settore della comunicazione. Arriva su un pick-up incrostato di fango e carico di bagagli: "Guarda chi ti ho portato".

Giulietto Chiesa, capelli a spazzola e sopracciglia aggrottate, scende a fatica dalla macchina, una piccola telecamera in mano.

"Un viaggio terribile," è la prima lamentazione.

Sono arrivati da Dushambè, uno degli sgangherati elicotteri dell'Alleanza del Nord li ha trasportati fino a Jangalek, a due ore d'auto dalle nostre case. Sono stati fortunati: le buone condizioni atmosferiche hanno consentito i voli.

"Ciao Giulietto, come ti senti oggi, spocchioso o incazzato?"

"Incazzato."

Pazienza.

14.

Bombardamenti

"E Vauro, l'hai sentito? Da più di una settimana è bloccato a Dushambè."
"Dovrebbe arrivare a giorni," dice Giulietto.
"Ovvio, le disgrazie non vengono mai sole."
Tre giorni dopo, mentre in giardino ci godiamo il primo caffè, c'è un forte vociare fuori dal portone di casa.
Non sembra *farsi*, come conferma un "Koko Jalil, maremma maiala" che avranno udito distintamente fino a Kabul. Vauro ha mantenuto la promessa, entra in cortile abbracciato a Jalil, ostentando maglietta e spilla di Emergency.
"A Dushambè ci sono più giornalisti che abitanti. La lista d'attesa era infinita, ho incontrato un italiano che era il numero duecentottanta. Sapete che numero ero io? Number one, il primo, priorità allo staff di Emergency."
"Farabutto."
"E infatti per poco non mi linciano, in albergo."
Così, in un paio di settimane, le nostre case si trasformano: il nostro piccolo paradiso afgano – la sala da pranzo con i tappeti e i grandi cuscini rossi, i cortili con i mandorli e i due gatti sempre di guardia all'uscio della cucina, il pergolato e l'albero delle prugne pieno di uccelli – sparisce per sempre, per lasciar posto a computer e telefoni satellitari, a cineprese e piccoli generatori.
Adesso ci sono zaini di appartenenza ignota un po' ovunque, e il mattino incontriamo sconosciuti che escono dalle docce ancora pieni di sonno. E poi c'è Vauro, che da solo è garanzia di rumore perenne, ventiquattro ore al giorno.
Ci si rilassa di più restando in ospedale, anche quando non arrivano feriti.

Marco sta visitando un paziente operato, gli controlla il polso e le dita della mano. "Un aneurisma della succlavia, simile a quello che avevi operato tu ad Asmara, solo un po' più alto."
"La mano è calda. Quando è stato ferito?"
"Roba vecchia, più di un anno. È uno dei prigionieri che ho visitato la settimana scorsa."
"Quanti letti liberi abbiamo oggi?"
"Una dozzina."
"Possiamo dimettere altri pazienti nei prossimi giorni?"
"Sì, e credo proprio sia il caso," dice Marco pensoso.

La vita in Panchir è la stessa di un mese fa, eppure è nell'aria che succederà, è nei pensieri e sulla bocca di tutti. Inizierà la nuova guerra, sono tutti pronti.

Sono le nove di sera, è domenica 7 ottobre, ci si ritrova per la cena.
Dovrebbe succedere stasera, a stare a quello che abbiamo visto e ascoltato negli ultimi giorni.
Arrivano anche Maso, Vauro e Giulietto, devono ancora inviare le loro corrispondenze quotidiane, adesso possiamo sederci sulle stuoie e gustare la zuppa di ceci e il montone con le patate che ci ha preparato Youssuf, il cuoco di Saman Khor.
Non ci siamo sbagliati.
"Kabul sotto attacco di missili Cruise, è iniziata la campagna Enduring Freedom," annuncia la Cnn.
Libertà duratura: che nome, suona una minaccia più che un ideale.
Cerchiamo subito di contattare Kabul, Najibullah si è sicuramente portato il telefono satellitare a casa, come avevamo concordato.
Non si riesce a comunicare, non c'è segnale. Il satellite è stato "oscurato". Potenza della tecnologia.
"E spegni quel cavolo di satellitare! Tu dovresti saperlo, mio caro, che il segnale può attirare i missili," intima Giulietto. Non è più incazzato, adesso è tornato spocchioso.
Speriamo che Najibullah e la sua famiglia stiano bene, riproveremo domattina.
Le notizie sono confuse, anche Kandahar e Jalalabad sembrano sotto attacco.
"Ma che cosa stanno bombardando?"
Ci ripetiamo la stessa domanda la sera dopo, e quella successiva.
Di giorno, vediamo molti aerei diretti a Kabul, probabilmente dei caccia o aerei spia, poi, verso sera, arrivano alti i bombardieri.
Il nostro televisore è acceso quasi tutto il giorno, usiamo a

turno i due piccoli generatori della casa, dobbiamo sapere che cosa sta succedendo, e avere i telefoni sempre carichi, a volte funzionano.
"Hallo?"
"Najibullah speaking."
"Najibullah, finalmente!" esclama Kate. "Come stai?"
Le racconta di aver portato la moglie e i due bambini nel villaggio di lei, trenta chilometri a ovest di Kabul, un po' più lontano dai bombardamenti.
"Stanno tutti bene i nostri?"
"Sì, tutti."
"E l'ospedale?"
"Nessun danno."
"Ci sono vittime a Kabul?"
"Molte."
Penso a Kabul, città che per due terzi già somiglia a Coventry o a Hiroshima alla fine della Seconda guerra mondiale, una via dopo l'altra di macerie senza fine, non una casa che sia rimasta con il tetto, o con le quattro mura, i pali della luce ripiegati come tulipani appassiti, i cavi elettrici rubati da qualche disperato per rivenderli al bazar.
Che cos'altro si può bombardare a Kabul?
Maiwand Street era considerata "la via Montenapoleone" di Kabul: larga, diritta, segnata dai negozi più eleganti. Adesso si è molto ristretta, non un solo edificio si è salvato.
Sono sorti nuovi negozi, che occupano parte della sede stradale, misere baracche di legno che vendono frutta e tessuti sintetici, biscotti secchi e qualche bibita in lattina scaduta da anni.
Forse è l'istinto di vivere che ostinatamente spinge a ricominciare ogni volta, anche se basta alzare gli occhi dai pomodori e dai cavolfiori per vedere devastazione tutt'intorno.
Che senso ha bombardare Kabul?
"Najibullah, potresti fare un giro negli ospedali, e farti un'idea di quanti feriti ci sono?"
"Ci posso provare, ma forse non mi faranno entrare all'ospedale militare."
"Non importa, incomincia dagli altri ospedali di Kabul."
"Va bene, vi saprò dire qualcosa domani sera."
La gente di Kabul sotto le bombe, come se gli sfortunati che spingono i carretti per la città e le centinaia di ragazzini lustrascarpe fossero responsabili del massacro di New York. La maggior parte di loro non ne ha neppure sentito parlare, ed è troppo occupata con le proprie tragedie per occuparsi di quelle altrui.
Ci saranno molti feriti, come sempre. E noi siamo bloccati in Panchir. Ci sentiamo impotenti, frustrati. Anche perché d'ora in

poi sarà ancora più difficile raggiungere Kabul, con i bombardamenti in corso.

Najibullah richiama alle nove del mattino.

"Ieri ho visitato l'ospedale Wasir Akhbar Khan e l'Indira Gandhi Hospital, oggi ne visiterò altri."

"Com'è la situazione?"

"Ho registrato oltre una ottantina di feriti dalle bombe, tutti civili. E negli ospedali non c'è nulla, neanche da mangiare."

Kate reagisce in fretta.

"Sarebbe possibile distribuire cibo ai feriti?"

"Sì, potremmo fare dei pacchi nel nostro ospedale e distribuirli."

"E poi controllate che i pazienti abbiano la terapia giusta, prendete dalla nostra farmacia tutte le medicine che servono."

A Kabul, Najibullah assiste centinaia di persone, e lo stesso fa Waseem. Distribuiscono tè e zucchero, biscotti e latte in polvere, coperte.

Un ferito dopo l'altro, forniscono antibiotici e fleboclisi, e farmaci per lenire il dolore.

Registrano le vittime civili delle bombe della civiltà, trasmettono i dati a Milano, e da lì ce li rigirano via e-mail.

Si discute spesso la sera. La guerra attorno a noi, anche quella che non vediamo e che Najibullah ci racconta ogni giorno, non assomiglia per niente a ciò che trasmettono le reti televisive.

Così Maso e Giulietto, Vauro, Fabrizio e Alberto decidono di cominciare a raccogliere dati, storie, foto, filmati, e di mandare anche questi a Milano.

Ne esce uno spaccato molto diverso della guerra, ed Emergency apre il sito "Un altro Afganistan", che in breve diventa un punto di riferimento quotidiano per migliaia di persone.

Grazie anche a Najibullah e alle tragedie che incontra e condivide ogni giorno.

Ieri è stato a Qalai Khater, quartiere di Kabul dove non ci sono strade asfaltate e le case sono di fango: Jaweed lo ha accompagnato perché vedesse i resti della sua famiglia.

Jaweed ha vent'anni e porta ancora sul volto i segni delle schegge. "Presto, presto, tutti in casa!" aveva urlato alla famiglia, mentre cercavano rifugio durante un attacco aereo.

Lui, il fratello maggiore, era rimasto fuori, l'ultimo, perché tutti fossero al sicuro. Un'altra bomba ha polverizzato la casa di Jaweed. Dentro c'erano suo padre e sua madre, le cinque sorelle e i due fratelli. Tutti morti. La sorella più piccola si chiamava Fahima, e aveva cinque anni.

I parlamentari italiani, il novantadue per cento di loro, hanno dichiarato guerra all'Afganistan. Il Parlamento ha votato contro la nostra Costituzione, che "ripudia la guerra".

Hanno scelto la guerra, ancora una volta, hanno deciso che sta loro bene che si uccida.

Mi dicono che per qualcuno è stata una decisione sofferta. Vedremo di farlo sapere a Jaweed, magari deciderà di inviare messaggi di solidarietà ai sofferenti tra i nostri politici.

15.

Aspettando il mullah

Fa freddo la sera in Panchir. E anche nel team, l'atmosfera non è tra le più calde. Non c'è entusiasmo, né allegria, siamo nervosi e inconcludenti, ci sono scatti di rabbia per cose irrilevanti. Sembriamo non crederci più.

Io e Kate, soprattutto, ci sentiamo sconfitti.

Non abbiamo nulla da rimproverarci, siamo convinti di aver fatto il possibile. Ma non siamo ancora riusciti ad arrivare a Kabul, e ci pesa molto. Stanno continuando a bombardare, ci sono molte vittime, e il nostro ospedale è ancora chiuso.

Due mesi fa avevo lasciato Kabul convinto che tutti i problemi per la riapertura dell'ospedale fossero sistemati.

Era stato Koko Jalil a suggerirmi le ultime mosse, alcuni giorni prima della mia partenza per l'Italia.

Noi due facciamo conversazione, in qualche modo, quasi tutte le sere. Lui parla volutamente un *farsi* adattato al livello linguistico appena superiore a quello della capra, che corrisponde più o meno al mio livello. Io mi industrio come posso con le parole che conosco, e con fatica variabile riusciamo sempre a capirci. E poi è un esercizio che ci aiuta a trascorrere le serate di coprifuoco.

"Gino, seiko, ascolta. Ieri è venuto a trovarmi baba Jabbar. Piangeva," Koko Jalil si era sfregato gli indici sulla faccia a indicare le lacrime, "perché ha otto bambini e non hanno niente da mangiare."

Jabbar è uzbeko, era uno dei cleaner dell'ospedale, e quando l'ospedale ha chiuso, lui ha perso il lavoro. Proprio così. Non lo aveva salvato neanche l'essere stato, anni prima, vittima di una mina, cosa che gli è costata una gamba e un occhio, né l'essersi dimostrato lavoratore infaticabile: molti altri, anche loro handicappati, anche loro grandi lavoratori, erano in condizioni peggiori di Jabbar, e lui ha perso il posto.

I disabili, tra il nostro staff, sono quelli che ci stanno più a cuore. Gli altri, gli infermieri, in qualche modo riusciranno ad arrangiarsi, loro invece sono i più vulnerabili, e che non possano lavorare per la chiusura dell'ospedale è un dolore che portiamo dentro e che vorremmo finisse al più presto.

"E poi ho incontrato Noor Aga, anche lui è messo male, portava a casa i soldi per tutti, e i soldi sono finiti."

Noor Aga è tagiko e ha perso entrambe le mani, e buona parte degli avambracci, per lo scoppio di una mina. È anche lui uno dei cleaner dell'ospedale.

"Sarebbe possibile che loro due riprendano a lavorare? Te lo chiedo solo per loro due, sono quelli che ne hanno più bisogno. Ah, se un giorno kulu bacha, tutti quei ragazzi, potessero tornare a lavorare..."

"Un giorno torneranno," avevo risposto automaticamente, "ma Noor Aga e baba Jabbar puoi mandarli a chiamare da subito, troveremo loro qualcosa da fare."

"Allah i karim. Allah i karim," Allah è misericordioso, aveva ripetuto più volte. Koko Jalil in ginocchio sul tappeto, i palmi delle mani e lo sguardo di preghiera rivolto verso l'alto, mi aveva fatto pensare a quella sera di luglio.

Avevo cercato di fare il punto della situazione: l'ospedale è ancora chiuso per il nostro rifiuto di accettare le condizioni di quel caprone ignorante di mullah Abbas, il ministro della Sanità.

Mullah Abbas vuole scegliere lo staff dell'ospedale, cosa del tutto inaccettabile. Diventerebbe impossibile avere un luogo neutrale e un servizio di qualità: il mullah lo riempirebbe di fanatici, parenti e spie – tutti rigorosamente maschi – e per noi sarebbe un fallimento. Tra l'altro, le leggi talebane dicono chiaramente che "le Ong sono libere di scegliere il loro personale".

Così noi teniamo duro – mi ero detto – lui non molla, e i bacha continuano a fare la fame.

E se invece bastasse un gesto, se fosse sufficiente essere gentili, andare dal ministro e chiedergli scusa pur non avendo niente di cui scusarsi? Se mostrarsi ossequienti e un po' servili potesse risolvere il problema?

Forse diventerebbe possibile trovare un compromesso – non ho alcuna idea precisa in mente – e far breccia nel muro che ci divide.

Bisognerà fingere, raccontare bugie, fare atto di sottomissione: ma potrebbe funzionare.

Ne avevo parlato con il viceministro degli Esteri, Abdul Rahman Zaheed, che avrebbe organizzato un incontro tra me e mullah Abbas.

"Vorrei fossi presente anche tu," gli avevo chiesto, "sai benissimo quanto mullah Abbas goda nel rimangiarsi in pubblico tutto quel che dice in privato."

Mullah Abbas in quei giorni se ne stava perlopiù in una suite dell'Hotel Intercontinental, al primo piano, l'unico ancora funzionante, per presenziare al famoso convegno sponsorizzato dall'Onu "per definire il piano sanitario nazionale".

Zaheed ci aveva messo tre giorni a organizzare l'incontro, ma alla fine ce l'aveva fatta.

Un giovedì mattina, ci si era trovati nel salotto di mullah Abbas. Con Zaheed c'era anche il capo del protocollo del ministero degli Affari Esteri, il viceministro della Sanità, Mohammed Stanekzai, e altri due o tre funzionari, oltre all'immancabile papà di mullah Abbas, un vecchiettino sonnacchioso ma gentile che si diceva gli facesse da consigliere.

Avevo recitato la mia parte a dovere, e i cenni del capo di Zaheed che continuava ad annuire mi confermavano di essere sulla via giusta.

"Eccellenza (credo fosse la prima volta che lo chiamavo così), sono venuto per porgerle le mie scuse per gli errori che abbiamo fatto, la prego di darci un'altra possibilità, gli errori non si ripeteranno, lavoreremo insieme, vedrà che poi diventeremo amici e migliorerà la fiducia reciproca": queste più o meno le stupidaggini che sono riuscito a dire con tono convinto, sottomesso.

Mullah Abbas, seduto sul divano davanti a me, aveva lisciato la lunga barba bianca e giocherellato con il rosario per tutto il tempo del mio mea culpa. Alla fine era scoppiato in una risata, condivisa dai suoi consiglieri, e aveva iniziato uno dei suoi lunghi discorsi senza capo né coda, almeno ad ascoltarne la traduzione, sul ruolo del governo e della religione.

Avevo pensato bene, Zaheed annuiva soddisfatto, di ribadire i concetti precedenti, come fossero una novità, mettendola stavolta un po' più sul personale, e il mullah si era pavoneggiato guardandosi intorno, fiero di sentirsi adulato di fronte a un influente esponente talebano come Zaheed, che lui non amava alla follia per molte ragioni, prima fra tutte perché Zaheed era una persona colta.

Così il meeting si era concluso con una stretta di mano, che qui rappresenta un accordo, e con una battuta del mullah che indicando il suo vice Stanekzai aveva esclamato: "Bene, prima lui era il tuo amico e io il tuo nemico, ma adesso il tuo amico sono io. Ah, ah". E giù tutti a ridere, papà e mullah.

"Spero che ciò non significhi che d'ora in poi avrò Stanekzai come nemico," avevo aggiunto io, e ci eravamo lasciati in modo cordiale.

Era fatta, o almeno così pensavo. Mezzora dopo la fine dell'incontro, ero su un aereo per Peshawar.

Già il giorno dopo, però, quando Kate era stata dal ministro per fargli firmare il protocollo su cui ci eravamo accordati, mullah Abbas aveva ritrattato tutto.

Perfino Zaheed ne era rimasto sconcertato, e si era trovato in guerra con mullah Abbas.

Così, nonostante le dritte e i buoni consigli di Koko Jalil, siamo ancora qui, ed è ormai fine ottobre, a negoziare con i talebani.

"Quando devi risentire Zaheed?" mi chiede Kate.

"Due o tre giorni, a quanto ho capito la vicenda è arrivata a Kandahar, e aspettano decisioni da Amir ul Momineen."

Amir ul Momineen, il capo di tutti i credenti, così i talebani chiamano mullah Omar, il leader supremo del movimento.

Sta a Kandahar, a Kabul è stato visto solo un paio di volte in cinque anni. E a Kandahar c'è anche, ormai da qualche settimana, Wakil Muttawakil, il ministro degli Esteri. Ne parleranno.

Che strano mondo, si sta discutendo della riapertura di un ospedale, e la cosa viene decisa addirittura da Amir ul Momineen.

La stanno prendendo come una scelta importante, anche adesso che si trovano sotto i bombardamenti.

Non credo proprio che ai leader talebani interessi più di tanto che i feriti vengano curati: per i loro feriti, in ogni caso, c'è l'ospedale militare.

Ma la questione dell'ospedale aveva finito per dividere il governo di Kabul. Tutti i leader, primo ministro in testa, avevano visitato l'ospedale e ne erano rimasti sorpresi: "Non ce lo aspettavamo così bello e così pulito", avevano detto.

L'aggressione armata che avevamo subito in maggio era stata un fatto irrilevante per molti politici talebani, l'avevano presa come una delle solite intemperanze di mullah Abbas e di quegli esagitati dei "marouf", come chiamano a Kabul gli uomini della polizia religiosa.

Già un mese dopo, in molti ritenevano che l'ospedale dovesse riaprire al più presto, che bisognasse raggiungere un accordo.

Nel mese di giugno, poi, Kate aveva incominciato un lento ma costante lavoro ai fianchi, intensificando il programma di assistenza nelle prigioni.

Visitava regolarmente i talebani prigionieri in Panchir, portava loro medicine, coperte, un po' di tè e di zucchero, spazzolino e dentifricio. E quando incontrava nelle galere qualcuno bisognoso di chirurgia, se lo portava nel nostro ospedale di Anabah dove veniva curato.

Anche a Kabul aveva iniziato a fare le stesse cose, visitando i mujaheddin a Pul-i-Charki, una delle peggiori prigioni del mondo.

Erano stati tutti talmente contenti del lavoro di Kate e del suo team di seguaci che dopo qualche mese le due parti – i mujaheddin e i talebani – avevano chiesto separatamente e per iscritto a Emergency di aprire cliniche in tutte le prigioni.

Incontrare i vari comandanti, talebani e mujaheddin, ascoltare i loro bisogni, dare una mano ai loro prigionieri, era diventata una parte importante del lavoro di Kate, come le visite mediche.

Alla fine, si era conquistata la fiducia di importanti "commander" dei talebani e di riflesso del ministro della Difesa, che si era unito al ministro degli Esteri e a quello della Pianificazione nel chiedere che non si creassero altri ostacoli alla riapertura dell'ospedale.

Dall'altra parte, mullah Abbas e la polizia religiosa continuavano la loro battaglia contro l'ospedale per il pericolo che rappresentava per la morale dell'Emirato islamico dell'Afganistan.

A mullah Abbas sembrava di volta in volta sconveniente o delittuoso che in un ospedale i pazienti venissero curati tutti, senza discriminazioni. Il fatto poi che in quel Centro – caso unico tra tutti gli ospedali sotto il controllo dei talebani – le donne non venissero segregate, e che addirittura lavorassero senza discriminazioni, lo aveva sempre fatto infuriare oltre ogni limite.

Nella storia dell'umanità, mullah Abbas Akhund è stato sicuramente l'unico ministro della Sanità che ha considerato la segregazione femminile come la miglior medicina, al punto da farla diventare la priorità sanitaria del paese.

Ciò malgrado, i nostri negoziati con i talebani avevano fatto progressi durante l'estate e una soluzione pareva più vicina.

E la proposta fatta il 12 settembre da Emergency ai talebani – smettiamo di discutere e riapriamo subito l'ospedale – li aveva trovati un po' spiazzati. Dovevano decidere, e in fretta.

Così la cosa è ora finita a Kandahar. Il capo di tutti i credenti deciderà se lasciare aprire un ospedale gestito interamente da infedeli, per di più restii all'applicazione della legge talebana.

L'idea del nostro staff senza lavoro e dei feriti senza cure – stiamo aiutando i feriti ricoverati negli altri ospedali di Kabul, ma sappiamo bene quanto tutto ciò sia lontano dal nostro concetto di "cura" – ci è sempre più difficile da sopportare, particolarmente la sera, qui in Panchir, quando si vedono passare caccia e bombardieri diretti verso Kabul.

16.

Charikar e dintorni

Quante persone sono morte per la guerra a Charikar. Persa e riconquistata più volte, sempre sulla strada delle truppe di invasione e di quelle in ritirata, sotto il tiro dei razzi.

Due anni fa avevo notato che nel giardino della casa di Qanouni era stato costruito un bunker. Vivere a Charikar era già pericoloso allora, e negli ultimi tempi deve essere diventato una specie di roulette russa.

Charikar, ancora una volta.

Caricano i feriti sulle macchine, e via per la strada diritta e pericolosa che porta a Jabul Seraj e poi in Panchir, ad Anabah.

La prima ambulanza, una vecchia Dodge familiare, porta in ospedale tre bambini, due hanno la testa bendata.

"Ce ne sono altre in arrivo," ci avvisa l'autista, "due razzi sul bazar, i feriti sono una ventina."

Un taxi trasporta una giovane donna col burqa pieno di sangue: ha uno squarcio nella coscia. Poi arriva un camion.

Ventiquattro feriti, in poco più di mezzora: terranno occupate le sale operatorie per tutta la notte e per tutto il giorno seguente.

Facciamo il triage in pronto soccorso, per decidere le priorità.

Tra i feriti c'è un bambino sui dieci anni, è in coma. Colpito alla testa, come molti di quelli che vivono sotto i bombardamenti. Categoria tre: nessuna chirurgia.

Detto così sembra facile. I pazienti non vanno in sala operatoria, perché le ferite sono superficiali, o più spesso perché sono talmente gravi da lasciare poche possibilità di sopravvivenza, comunque.

È tutto razionale, definito: "Ferita cranica penetrante, paziente in coma: categoria tre".

Ed è vero, è così, e in fondo è anche giusto, quando tra gli altri feriti ci sono Monir, dodici anni, con gli intestini fuori e Jawad, dieci, con un femore a pezzi, ed entrambi stanno aspettando il loro turno per essere operati.

Però non è indolore scrivere *categoria 3*, con il pennarello, sulla spalla di un bambino di otto o nove anni. Il triage è fatto.

Al momento di compilare la cartella clinica, si cerca un parente, qualcuno che possa dirci almeno il nome. Nessuno lo conosce tra gli altri feriti, né tra i parenti che li hanno raggiunti al più presto. Erano tutti nello stesso bazar, ma nessuno riconosce questo bambino.

Per tutta la notte, e per il giorno seguente, resterà Icu-7, il letto numero sette in terapia intensiva.

È una cosa che non ho mai sopportato neppure quando lavoravo negli ospedali italiani. Che un paziente venga chiamato con un numero, "il trentadue", è una gratuita presa di distanza, un inutile svuotamento di umanità del nostro lavoro così bello.

Ma Icu-7, arrivato anonimo e solo dal macello provocato da un razzo sul mercato di Charikar, ci fa star male.

C'è una scheggia metallica nel cervello, mostra la radiografia. La ferita in testa non è grande. Le pupille sono di dimensioni uguali, il che è buon segno, un poco reagiscono, Icu-7 ci dà ragioni di ottimismo.

Nel pomeriggio dobbiamo difendere l'ospedale dall'assalto di operatori e giornalisti. Sono ansiosi di documentare qualcosa di questa guerra.

I bombardamenti sull'Afganistan durano ormai da venti giorni, e tutto quel che è stato possibile vedere sono le clip delle conferenze stampa del Pentagono: qualche foto con nuvola da scoppio e un generale a garantire che è stato colpito un importante covo terrorista.

Da settimane i giornalisti si ammassano a Jabul Seraj, ogni tanto si spingono a Charikar e giù al fronte, ma sono ancora troppo distanti dalla zona dei bombardamenti, tutt'al più possono sentire il rumore lontano di qualche esplosione o cogliere qualche bagliore. Nient'altro.

È una guerra per molti aspetti invisibile, l'informazione scarseggia, così due razzi in un bazar lì vicino destano interesse.

Le sale operatorie smettono di funzionare solo dopo ventisei ore, è il tardo pomeriggio di mercoledì 24 ottobre.

Con Marco visitiamo i pazienti in terapia intensiva. I soliti problemi, chi si agita e chi urina poco, ma tutti sembrano in condizioni stabili. Turialoj, il responsabile degli anestesisti, li sta controllando tutti.

"Se c'è qualche problema, ci chiami via radio." A casa, doccia cibo e nanna, in rapida sequenza.

Kate rientra dall'ospedale alle otto. Siamo tutti a cena, Marco, Fabrizio, Alberto e Vauro. "Ragazzi, splendide notizie."

Mentre ci guardiamo perplessi Kate ripete raggiante: "Splendide notizie", e veniamo a sapere che Icu-7 ha un nome.

"Alle sette e mezza si presenta un signore in ospedale, viene da Charikar, non trova più suo figlio, dal giorno prima."

Kate lo aveva accompagnato in terapia intensiva, e l'uomo ha riconosciuto Icu-7 come il proprio bambino. "Ha dieci anni," ha detto il padre, "si chiama Shokrullah." Forse siamo cretini, forse molti di noi pensano al momento in cui hanno scelto il nome del figlio, ma il risultato è che la notizia di Kate cambia l'umore della casa.

Oggi Shokrullah va un poco meglio, il coma è più leggero.

Suo padre Abdul Gafur è lì vicino, non lo ha più mollato, si è fermato tutta la notte. Adesso sta chiacchierando con Saheed Massud.

Saheed, anche lui di Charikar, si trovava nel bazar quando sono esplosi i razzi. Con lui c'era il figlio Idriss. Saheed è rimasto illeso ma il bambino è crollato a terra: allora l'ha preso in braccio e si è infilato su una delle prime ambulanze dirette ad Anabah.

Abdul Gafur, invece, stava in montagna, lui è un soldato. Ha saputo molte ore dopo dell'attacco a Charikar. E poi ha ricevuto un messaggio dalla famiglia, passato via radio dai mujaheddin: suo figlio non era tornato a casa.

L'aveva cercato per tutta la città, aveva fatto domande in giro e speso il pomeriggio a perlustrare il bazar devastato, poi aveva deciso di fare un tentativo all'ospedale di Emergency.

Si stringono le mani, si fanno coraggio a vicenda, sperano, vestiti entrambi con l'uniforme un po' vistosa e ridicola che diamo ai parenti dei feriti.

Anche Idriss, quattro anni, letto numero sei della terapia intensiva, che almeno ha avuto un nome fin dall'inizio e un padre lì vicino tutto il tempo, è stato colpito alla testa ed è arrivato in coma. Anche lui, piccolo e paffuto, si sta svegliando, ma c'è un grosso problema: è probabile che la parte sinistra del corpo sia paralizzata. Bisognerà aspettare.

Sabato mattina decidiamo di portare Shokrullah in sala operatoria. Le sue condizioni sono molto migliorate nella giornata di ieri: possiamo togliergli la scheggia e chiudere la ferita.

Per Idriss, invece, le notizie non sono buone, braccio e gamba sinistra sembrano flaccidi, reagiscono molto male. Non è in pericolo di vita, ma difficilmente potrà recuperare.

La terapia intensiva è piena di bambini. Monir sta bene, si alimenta senza problemi anche se ha perso mezzo metro di intestino, e Jawad è in trazione ed è molto felice della scavatrice gialla di plastica che gli abbiamo regalato, con il braccio che ruota e va su e giù.

Tra poco sarà buio, si sentono i rumori dei bombardieri: guardiamo in su per scorgerne le tracce, non si vede nulla.

A casa, Fabrizio e Alberto stanno rivedendo le scene girate nei giorni precedenti, tra le barelle del pronto soccorso e le urla dei bambini. "E Vauro?"

"Sarà nell'altra casa."

Lo troviamo sdraiato sul letto con il quaderno e il pennarello in mano, sta disegnando. Si vede un afgano che tiene in pugno un piccolo pacco di biscotti appena paracadutato e inveisce contro il pilota americano: "Aoohh, e il cappuccino?", gli urla.

Vauro non fa in tempo a finire la parola che esplode in una fragorosa risata misto tosse che gli scuote i polmoni e gli infiamma gli occhi.

"Allora, si fa la pizza stasera?"

Mi ero distratto, per un ricordo di molti anni fa ritornato a galla al momento giusto.

Eravamo in vacanza in Francia, e in una piccola città avevamo visto un monumento ai Caduti, anzi più esattamente ai bambini morti durante la Prima guerra mondiale.

Niente della retorica che spesso, purtroppo, schiaccia queste testimonianze di lutto. L'iscrizione diceva: "Que maudite soit la guerre". Teresa e io avevamo tradotto per Cecilia: "Sia maledetta la guerra", e lei, inizialmente stupita per la nostra commozione, faceva domande. "Mamma, che cosa c'entrano i bambini con la guerra?"

Stiamo aspettando le news della Cnn mentre la "margherita" è in forno, quando chiamano dall'ospedale. Sono le nove e un quarto: ci sono altri feriti.

C'è gente che discute e gesticola fuori dal cancello del Centro chirurgico, avvolti nei loro patou; più in là, appartato, un gruppo di donne.

Sette feriti sono sdraiati in pronto soccorso. C'è l'anziana Zagul, cinquant'anni che qui pesano molto, la primogenita Saida di trenta, e Zarif, ventidue. Poi vengono Aziza Said, tredici anni, Laikhan Mirza, sei, e Rowida, cinque. Il più piccolo è Ahmad Froh, quattro anni come Idriss.

"Da dove vengono?"

"Gli aerei americani hanno bombardato dei villaggi nella

provincia di Kapisa," traduce Salim mentre inizia a spogliare i pazienti, "hanno colpito Chany Khil, ci sono anche dei morti."

"Ma Chany Khil non è sotto il controllo dei mujaheddin?" chiede in *farsi* Akbar Jan, il capoinfermiere.

"Sì," conferma Salim.

"Io sono di Khanaka," interviene Zarif, "anche il nostro villaggio è stato bombardato."

Khanaka è controllata dai talebani, a qualche chilometro da Chany Khil. Zarif e il piccolo Ahmad Froh vengono da lì, trasportati a braccia, feriti, attraverso il fronte per poter raggiungere Anabah.

C'è qualche ritardo in sala operatoria, devono finire di sterilizzare i ferri chirurgici, ancora un quarto d'ora prima di poter cominciare a operare.

Aspettiamo appoggiati alla finestra del pronto soccorso, Marco ha già addosso casacca e calzoni verdi. Sette barelle, lenzuola bianche, fleboclisi, sondini nasogastrici, cateteri vescicali, infermieri che iniettano antibiotici e un po' di morfina.

Razzi sul bazar, bombe sui villaggi.

Chi ha sparato? È importante saperlo? Forse non così tanto, anzi in questo momento è del tutto irrilevante.

Prima di sera arriva uno dei "soliti" feriti da mina. Una vittima dei "pappagalli verdi", retaggio dell'invasione sovietica. Oggi l'ospedale sembra un campionario degli orrori della guerra, da qualsiasi parte venga.

A Charikar, evacuati i feriti, pezzi di uomo e di bambino sono rimasti tra le bancarelle squarciate, pezzi di esseri umani mescolati insieme, morti. A Khanaka e Chany Khil, in questo momento, qualcuno starà raccogliendo altri brandelli.

Razzi talebani o bombe americane: il risultato non cambia, Idriss o Ahmad Froh, otto anni in due.

È questa in fondo – mi dico – la maledetta realtà della guerra, la sua mostruosità.

È tutto qui. Scorro il registro dei ricoveri: ventiquattro feriti a Charikar, otto ragazzi, sette feriti a Kapisa, quattro bambini. Tutti e trentuno civili. Come fa qualcuno a non capire che *questa* è la guerra, nient'altro?

Vorrei ci fosse qui uno dei membri del Parlamento che ha votato per la guerra. E che spiegasse ad Ahmad Froh e a Idriss che è giusto che loro siano conciati così perché una coalizione militare ha deciso di "sconfiggere il terrorismo" bombardando il loro cortile e il mercato.

Mi sta montando la rabbia, per fortuna Marco mi chiama. "Hanno finito di sterilizzare, possiamo cominciare."

17.

Ci vediamo giovedì

Siamo tesi, stiamo aspettando una telefonata. Speriamo proprio che arrivi, e che la risposta sia quella che vogliamo.

Siamo stanchi di aspettare, un giorno dopo l'altro, e la partenza di Maso, Vauro e Giulietto, rientrati in Italia, mi ha messo di cattivo umore.

Sono le nove del mattino di martedì 6 novembre, quando Najibullah The Diplomat chiama da Kabul.

"Hallo. Good morning, Emergency Kabul, Najibullah speaking," mi ripete lo stesso ritornello ogni mattina da sei settimane, sapendo benissimo che io sono lì ad aspettare la sua chiamata, e conosce la mia voce da più di dieci anni. Dalla mia prima volta a Kabul, quando entrambi lavoravamo per la Croce rossa internazionale.

Najibullah è infermiere, di bassa statura, un po' tarchiato, con i capelli neri e ricci e la barba corta, lavorava all'accettazione dell'ospedale: riceveva i feriti. Ed era tra i migliori: sempre disponibile, attento, con i suoi occhietti guizzanti protetti da lenti dello spessore di un telescopio racchiuse in occhialini rotondi.

Oggi però è diverso, The Diplomat ha un tono ufficiale: "C'è Sua Eccellenza mister Zaheed, è qui con me adesso, e vuole parlarti".

"Hallo. Come stai?"
"Bene, grazie, e tu?"
"Anch'io, e anche la mia famiglia, Inch'Allah."
"Dimmi."
"Potete venire a Kabul, c'è un invito ufficiale di mullah Omar. Venite e riaprite l'ospedale, senza condizioni."
"È fantastico."

Già, è davvero fantastico. Non mi viene da dire altro. "Nes-

sun problema?" chiedo, ma in realtà vorrei soltanto che Zaheed mi ripetesse quello che mi ha appena detto.
"La decisione è stata presa a Kandahar, e io sarò il vostro interlocutore a Kabul."
Abdul Rahman Zaheed, viceministro degli Esteri, non nasconde la sua soddisfazione per la decisione presa, in fondo è una vittoria anche per lui.
"Sono molto contento."
"Allora, quando venite a Kabul?"
La domanda è di quelle brutali, che non presuppongono né consentono risposte ragionate. Semplice: quando?
"Oggi è martedì, ci vorrà tutto domani per organizzare il cessate il fuoco con l'Alleanza del Nord. Attraversiamo il fronte giovedì mattina, se non ci sono problemi. Ci sentiamo domani per una conferma."
"Dobbiamo sapere anche chi passa, quanti stranieri, quanti afgani."
"Certo, risentiamoci domani verso le cinque del pomeriggio."

Devo discuterne con Kate e gli altri, e poi parlarne con Milano.
Mentre guido la jeep verso l'ospedale, ripasso mentalmente la conversazione con Zaheed. Solo alla fine mi rendo conto che ho appena promesso di andare a Kabul dopodomani.
Ho l'impressione di aver preso una decisione importante e di averlo fatto in modo automatico, solo perché alla domanda "quando?" si risponde indicando una data, non con un "sì" o "no".
Il sì è già scontato, se ci occupiamo del quando.
Ma mi rendo conto che, per la nostra sicurezza, è molto diverso andare a Kabul in queste condizioni, in questi giorni, anche solo rispetto a un mese fa.
Un mese fa non erano ancora iniziati i bombardamenti, e le persone cambiano quando stanno un mese con bombe che piovono loro addosso, i rapporti tra le persone cambiano. Anche l'ospitalità verso gli stranieri potrebbe cambiare, specie verso cittadini di paesi che hanno benedetto la guerra contro l'Afganistan.
Mi sembra del tutto realistico pensare che ci possano essere tentativi di ritorsione.
Nelle ultime settimane, avevo scambiato spesso opinioni con Teresa sulla sicurezza del nostro staff in Afganistan, avevamo cercato di capire i potenziali pericoli.
Per parte mia avevo iniziato un monitoraggio quasi giornaliero dei fattori di rischio: il rischio di passare le linee del fronte, di essere colpiti da una delle bombe americane sulla via di

Kabul, di finire nei guai con i talebani, di essere presi in ostaggio, o peggio, dagli "afghan arabs", i fanatici di Osama e affini.

E infine il rischio, una volta arrivati, che la città venisse conquistata in un bagno di sangue, con noi dentro.

Ero stato talmente meticoloso nella ricerca di una valutazione obiettiva, che all'eventualità della presa di Kabul avevo assegnato percentuali di rischio diverse, considerando gli scenari possibili: una fuga precipitosa dei talebani, con il pericolo di crudeltà, vendette e massacri durante la ritirata, oppure la scelta di restare e combattere quartiere per quartiere, casa per casa, come fecero le fazioni dei mujaheddin nell'aprile del 1992, quando la presa di Kabul segnò l'inizio di una carneficina che dura tuttora.

"Prima di decidere di andare a Kabul, bisogna ottenere garanzie di protezione del nostro personale," mi avevano raccomandato più volte dalla sede di Milano.

In un certo senso non l'ho fatto, rispondendo "giovedì". Ma lo farò non appena a Kabul, è impossibile pretendere che ci assegnino guardie prima ancora che arriviamo. Chiamerò dall'ospedale, al più presto, e ne parleremo ancora.

Incontro Marco vicino al laboratorio.
"C'è l'ok dei talebani per Kabul, nessuna condizione."
"Kabul?"
"Poi ne discutiamo, ho detto a Zaheed che avremmo cercato di passare il fronte giovedì. A proposito, Kate è in giro?"
"No, è via da stamattina presto. È andata con Zareen a visitare delle vedove in un villaggio. Kabul? Uhmm... Ma scusa, dov'è il rischio-pecora garantito?"

Io e Marco avevamo spesso conversazioni serie, anche se si facevano molte battute, su come sarebbe stato trovarsi a Kabul, se fossimo riusciti ad arrivarci. Una sera di due settimane prima, alla domanda: "Ti sembra molto rischioso?", non ero riuscito a rispondere. Kate era intervenuta quasi subito, a liquidare l'argomento con un "no problem" un po' sospetto.

A me e a Marco, invece, non sembrava proprio il caso di censurare la cosa, e avevamo continuato a discuterne finché, in cerca di parametri di riferimento per pesare i rischi, era saltata fuori una domanda a Kate che si occupa del programma sociale: "Giusto per curiosità, Kate, hai idea di quale sia la mortalità tra le pecore che distribuiamo alle vedove?".

"Il diciotto per cento, ma d'ora in poi dovrebbe andar meglio."

"Ecco, il diciotto per cento. È il rischio-pecora," aveva detto Marco, "e noi dovremmo cercare di non oltrepassarlo."

"Sono d'accordo, pretendere di avere almeno le stesse possibilità di una pecora afgana non è poi chiedere molto," avevo aggiunto.

Così era nato nel team il gioco del rischio-pecora come condizione vincolante per le scelte più difficili in termini di sicurezza.

Adesso la decisione è stata presa, ma c'è ancora molto da lavorare per ridurre i rischi futuri a livelli ovino-compatibili.

Innanzitutto consultiamo le carte militari russe che teniamo in casa da anni, cercando di capire la strada che dobbiamo fare, le vie di accesso, e quelle di fuga.

Poi c'è da organizzare il cargo. Non possiamo certo pensare di andare a Kabul solo con i nostri vestiti. Per riaprire l'ospedale, bisogna portarsi scatoloni di farmaci da anestesia, fili di sutura, tutto quello che, dovessimo restare a secco, non sapremmo proprio come rimpiazzare.

È molto facile che a Kabul, con questi chiari di luna, la maggior parte dei negozi e del bazar sia chiusa, e non si riuscirà a trovare assolutamente nulla. Poco dopo le due, lavorando con Mateen, il farmacista del Panchir, Marco ha quasi finito di compilare la lista dei bisogni.

"Hallo, Marco."

"Ciao Kate."

"Che succede?"

"Ha telefonato Zaheed, abbiamo l'ok da Kandahar per riaprire l'ospedale, ci ha parlato Gino."

"Dov'è?"

"Qui attorno."

"Possiamo trovarci tutti in ufficio a discuterne tra dieci minuti?"

Decidiamo, per prima cosa, di inviare Najib a chiedere un appuntamento urgente con Qanouni, occorre al più presto l'accordo dell'Alleanza del Nord prima di passare il fronte.

"Allora, chi va a Kabul?" chiede Marco. È difficile dividersi, quando si è un team molto unito.

"Andremo io e Kate, è necessario che tu resti qui ad Anabah, l'ospedale da questa parte del fronte non può stare senza un chirurgo di grande esperienza," propongo.

"E poi non sappiamo se e quando sarà possibile passare il fronte una seconda volta. Devi prendere tu la responsabilità del progetto qui in Panchir," aggiunge Kate.

"Va bene. E chi portate con voi, del personale afgano? Vi servirà qualche infermiere ben addestrato, e un anestesista."

"Non è possibile, nessuno accetterebbe di venire," taglia corto Kate, "ne ho già discusso con tutti tempo fa, niente da fare."

Non me la sento di dar loro torto. Lo staff afgano di Emergency lavora da due anni in Panchir in condizioni molto difficili, chiuso in una enclave assediata, esposto alle incursioni degli aerei talebani e all'estrema povertà che percorre la valle. Sono in uno stato di guerra, anche se loro non combattono.

E poi sono panchiri. La gente del Panchir è di etnia tagika, in grandissima maggioranza. I tagiki, quasi un quarto della popolazione afgana, abitano in prevalenza le regioni nordorientali, ma quelli del Panchir sono speciali. Si sentono un po' come un popolo a parte che abita questa valle chiusa al mondo cinque mesi l'anno per la troppa neve, e difficilmente penetrabile gli altri sette per la troppa guerra.

E, soprattutto, si sentono il popolo di Massud.

Il ricordo del Leone del Panchir, assassinato quasi due mesi fa, è ancora qui nella valle, ovunque. La gente ha maledetto ancora una volta i talebani, e c'è aria di vendetta.

E poi è normale che non se la sentano di finire sotto le bombe, né di rischiare di venir fatti fuori da qualche fanatico che li additerebbe come nemici o spie.

"Koko Jalil verrà con noi" dico.
"Sei sicuro?"
"Senza di lui, non ce la possiamo fare. A Kabul ci serve qualcuno di cui fidarci."
"E lui che cosa ne dice?" incalza Kate.
"Muskelè nist, nessun problema, mi ha risposto: se ci andate, vengo con voi."
"Sono curiosa di parlare con lui. E Fabrizio e Alberto?"

Già, cosa ne facciamo dei "twins", i gemelli, come li aveva battezzati Kate nel 1999, quando erano venuti con noi in Panchir la prima volta?

Non sono mai stati a Kabul, e fremono. Ne avevamo parlato più volte, nel mese scorso: ogni volta che dovevo contattare Kabul, di solito si trattava di Zaheed, uno dei twins mi ronzava intorno, ricordandomi di chiedere – o mimandolo, se ero già al telefono – che anche loro potessero venire con noi, con le cineprese e tutto il resto.

Zaheed non aveva fatto salti di gioia all'idea, ma l'assicurazione che avrebbero filmato l'interno dell'ospedale, e all'esterno solo se autorizzati, gli aveva strappato un "va bene" di cortesia.

Così con Alberto e Fabrizio avevamo raggiunto un'intesa.

Sarebbero venuti con noi, a condizione di sprigionare il loro genio artistico solo dopo approvazione da parte del responsabile della sicurezza, cioè del sottoscritto. Patti chiari.

"Possono venire. Dopo discuterò con loro i dettagli," avevo chiuso la conversazione sull'argomento.

I twins sono nella loro stanza, intenti a selezionare pezzi di filmato: "Esportiamo tutta la sequenza?". "Sì, non possiamo perdere il pezzo di sonoro, poi vedremo."
"Buongiorno, pronti alla partenza?"
Fabrizio sgrana gli occhi: "Davvero? E quando?".
"Dopodomani."
Un quarto d'ora dopo Alberto, sommerso da batterie, cavi e cassette, sta già sacramentando in veneto cercando di dividere tutta l'attrezzatura in due – una parte, per precauzione, sarebbe rimasta in Panchir – mentre Fabrizio, sul letto a gambe incrociate, accarezza la cinepresa, con la scusa di spolverarla, come si fa per trasmettere affetto a un cavallo prima del grande galoppo.
"Mi spiace, ma dovete mettere via tutto, impacchettare e sigillare. Quando passiamo il fronte, al massimo potete tenere la cinepresa piccola sotto il giaccone, ben nascosta."
I twins si guardano.
"È la vita, è così, punto e basta." Non ho nessuna intenzione di cominciare con Alberto e Fabrizio un'altra contrattazione sindacale sul diritto di informazione né sul primato dell'arte.

Mercoledì andiamo a Dolonsan, per incontrare Younus Qanouni. Viene anche Marco, che si è rasato corto e sembra un castoro, con la testa liscia e perfettamente rotonda.
È più di un mese che non vedo Qanouni, noi con troppo lavoro in ospedale per andarlo a trovare, lui sommerso dai suoi impegni politici e per il resto del tempo braccato dai giornalisti di tutto il mondo. Ci riceve nell'ufficio appena rinnovato, con bei divani, poltrone e tappeti.
"Così volete passare il fronte domani. Dovrete stare attenti, dall'altra parte hanno messo un sacco di mine. E a Kabul, sarete al sicuro?"
"Speriamo."
"Dal nostro punto di vista, nessun problema. Daremo istruzioni per il cessate il fuoco. Ma avete avvisato il comando americano?"
"Lo faranno i nostri da Milano, tramite l'ambasciata americana."
"In quanti siete?"
"Attraverseremo in cinque."
"E di là?"
"Verranno a prenderci le nostre macchine da Kabul."
"Quante macchine?"
"Tre, tre Land Cruiser."
"Colore?"
"Bianco, con le bandiere di Emergency."

"A che ora passate la terra di nessuno?"
"Tra le undici e l'una."
"Va bene, informeremo anche noi gli americani, daremo loro tutti i dettagli. Capisci: dall'11 settembre nessuno ha passato quel fronte."
"Grazie, così avranno le stesse informazioni da due parti diverse."

Il congedo da Qanouni mi è difficile. Ormai siamo amici di vecchia data. Durante il sopralluogo fatto a Charikar anni prima, avevo dormito a casa sua per dieci giorni, e ci si ritrovava spesso a fare il punto sulla nostra missione.

C'era stata subito una reciproca simpatia, che si era consolidata durante l'estate, quando ci eravamo incontrati di nuovo a Dolonsan, proprio nella stanza dove siamo seduti adesso.

Anche qui avevamo vissuto nella stessa "casa": Qanouni, come gli altri leader dell'Alleanza del Nord, aveva dovuto abbandonare Charikar sotto il tiro dei talebani e trasferirsi a Dolonsan, in quelle che erano allora stanze malmesse, abbarbicate alla roccia a picco sul fiume, che servivano da bivacco per un centinaio di mujaheddin. Avevano ospitato anche noi.

Con Qanouni ci si incrociava spesso verso sera, quando noi rientravamo stanchissimi e assetati, dopo aver passato la giornata nel cantiere-ospedale o a distribuire tende e latrine agli sfollati.

Il più delle volte il morale o l'umore di entrambi non erano al meglio, l'Alleanza del Nord aveva subito un rovescio militare, l'enclave si era fatta ancora più stretta e meno permeabile, il che complicava di molto il nostro lavoro, impedendoci i rifornimenti.

Younus Qanouni ha sempre sostenuto con entusiasmo il nostro lavoro. Lo apprezza da amico, non solo da leader politico.

"Allora, a presto," mi abbraccia e mi bacia tre volte, alla maniera afgana.

"Ci vediamo a Kabul," gli rispondo stringendogli le spalle.
"Inch'Allah."

Rientriamo ad Anabah, dobbiamo ancora discutere con Milano, e poi contattare Zaheed a Kabul.

Fabrizio e Alberto decidono di migliorare il nostro umore offrendosi volontari per la cucina: "Voi finite di discutere, prepariamo noi l'ultima cena".

Parlare con Teresa di questioni importanti non è per me sempre facile. E questa scelta è importante.

Il 12 settembre a Milano avevamo deciso, in una riunione, di rientrare subito a Kabul. Adesso che sta per arrivare il momento quella decisione assume contorni, prende forma.

E allora si vede più chiaro tutto, anche i rischi.

"Tere, ascolta: tutto bene anche da parte dell'Alleanza del Nord, anche loro informeranno gli americani, adesso confermiamo il tutto a Zaheed e se non ci sono contrattempi passiamo il confine domani a mezzogiorno, ora nostra."

"E la sicurezza?"

Già, la sicurezza. Quando ci si sente insicuri, di solito si fanno discorsi rassicuranti. Devo averla tirata in lungo e in largo, forse troppo per convincere Teresa, che mi conosce al fiuto.

Concludo: "...non credo proprio che ci siano pericoli, anche se non si possono escludere al cento per cento: in teoria invitarci a Kabul potrebbe anche essere una trappola, però tutto lascia pensare che non ci saranno problemi".

"Sai, ci ho pensato anch'io, alla possibilità che sia una trappola. E allora, che si fa?" Il tono è tra il preoccupato e il risentito.

L'abbiamo "medicata" come al solito. In Teresa, come al solito, è prevalso l'amore, e ha deciso di inghiottire la maggior parte delle preoccupazioni che le mie spiegazioni addomesticate non avevano certo scacciato. Sapeva che stavamo compiendo una scelta giusta ma sapeva anche che ne avrebbe sofferto.

Con ogni probabilità, ho pensato al termine della conversazione, anche questa volta ha deciso di non farmi pesare il suo stare male, per non crearmi un problema in più.

E quando si preoccupa della "sicurezza" Teresa non pensa solo alla mia. Ragiona da presidente di Emergency. Quando, all'inizio della storia della nostra associazione, venivano valutati negativamente logisti che se ne andavano in motocicletta nella giungla minata della Cambogia, nell'unico giorno libero, o infermiere che pretendevano di andare al bazar iracheno vestite come nell'estate romana, lei sbuffava "come sei rigido".

Poi ha capito, e cerca di far ragionare anche noi.

Matteo, giovane infermiere alla seconda missione, era stato tra le vittime dell'aggressione armata della polizia religiosa dei talebani, il 17 maggio. Aveva reagito alla maniera delle persone intelligenti e oneste. Aveva dichiarato, il giorno dopo: "Ho avuto una paura tremenda. Non voglio più trovarmi in una situazione simile".

Poi, tornato alla vita "normale" di Milano, si era detto pronto a tornare a Kabul. Il nostro parere era favorevole. Le doti umane e professionali di Matteo lo rendono prezioso al progetto. Ma Teresa era perplessa, proprio lei che si affeziona al personale di Emergency come agli ex fidanzati della figlia. Diceva "devo capire se vuole mettersi alla prova, potrebbe essere pericoloso per il suo equilibrio". Gli ha parlato con delicatezza, davanti a un caffè, poi ci ha telefonato: "Matteo è proprio una bella persona. È pronto per tornare in Afganistan". Aveva ragione.

Zaheed è puntuale ad aspettare la nostra chiamata.
"Qui è tutto a posto, dovrete passare per Bagram. Verrà a prendervi anche una macchina del ministero della Difesa, che vi farà da scorta."
"Va bene, da Bagram, con la scorta. Allora ci vediamo domani."
È fatta, o quasi.
"E perché una scorta della Difesa?" chiedo.
"Bagram," dice Koko Jalil, che sta aiutando a fare le valigie ma è sempre attento alle conversazioni.
È vero. Le decine di volte che abbiamo attraversato il fronte negli anni passati lo abbiamo fatto compiendo un largo giro, per arrivare a Kabul. Attraversata a piedi la terra di nessuno, si saliva per le montagne verso Tagab e poi, dopo il lago con la diga, giù verso Sirobì, per raggiungere la strada che da Jalalabad porta a Kabul. Sei ore di fuoristrada.
Domani invece passeremo da Bagram, tirando via quasi diritto. A un certo punto bisognerà viaggiare paralleli alla prima linea talebana. Mica stupida, l'idea di una scorta del ministero della Difesa.

L'ultima cena di Alberto e Fabrizio non si fa certo rimpiangere. Ancora alle prese con il trasloco, non hanno trovato di meglio che esibirsi nella specialità dei disperati, peraltro di loro invenzione: il rollo.
La ricetta non è complessa: si prende il nan, gli si butta sopra quel che capita e lo si mette a scaldare, dopo averlo arrotolato, su un poco igienico e molto tossico scaldino a cherosene, che dà il gusto finale. Il rollo in tutte le sue varianti stasera è al tonno e pomodoro.
Domani mattina tre jeep saranno pronte alle otto.

18.

Il fronte

L'8 novembre è una splendida giornata di sole, e il Panchir è bellissimo. I villaggi di fango e paglia costellano le rive del fiume che si fa largo e lento all'uscita della valle, mentre attraversa Gulbahar.

Davanti a noi la piana dello Shomali, uno dei giardini abbandonati dell'Afganistan, migliaia di alberi da frutta nei campi pieni di mine, tra case contadine devastate, bombardate e bruciate che si perdono in una lontana nebbia in direzione di Kabul.

Pieghiamo a sinistra verso Sherkhat e, superato il pronto soccorso di Emergency a Kapisa, prendiamo la pista che porta giù verso il fronte. C'è pochissima gente in giro, e nei campi: niente buoi con gli aratri di legno, né carretti che trasportano famiglie né carovane di kuchi, i nomadi con i loro cammelli.

Le jeep procedono piano, in lontananza si sentono colpi di artiglieria e il cielo della piana è rigato dalle strisce bianche degli aerei americani. È da questa mattina che passano a ondate, i bombardieri B-52, riconoscibili per i quattro lunghi pennacchi bianchi che si lasciano dietro.

Arriviamo a Shokhi, l'ultimo villaggio prima della terra di nessuno: è diventato una ghost town, un villaggio fantasma. Non c'è più il bazar, sono spariti i venditori di scarpe di plastica e quelli di sigarette, il chiosco del tè e il forno del pane.

Anche il "bar" all'aperto non c'è più, quello dove eravamo soliti sostare a chiacchierare con il ragazzino che teneva viva la brace per i kebab con un ventilatore azionato da una catena di bicicletta.

L'atmosfera è tesa, i rumori dei colpi di mortaio sono portati dall'eco tra le montagne. "Looking for stones," dice Kate, fanno saltare la roccia per cercare pietre preziose: è l'eufemismo che usa ogni volta che qualcuno sta sparando intorno a noi, e non sappiamo il perché.

Cinque o sei mujaheddin pattugliano il villaggio muovendosi veloci e un po' curvi tra le baracche di legno abbandonate. Fanno ampi gesti con le braccia, indicandoci di lasciare le jeep lontano dalla strada principale e di non esporci.

Conversano qualche minuto con Jalil.

Arriva il primo razzo, poi un altro, c'è una nuvola di fumo duecento metri più in là, forse una baracca colpita. I mujaheddin, dall'altro lato della strada, ci indicano da dove partono i colpi. Una mitragliatrice, una delle tante doskha russe che presidiano ogni picco di queste montagne, risponde al fuoco tirando sulla cresta della collina davanti a noi.

Arretriamo cinquecento metri. Bisogna andare a parlare con Alim Khan, il comandante della zona, per capire che cosa sta succedendo.

Ci riceve nel cortile di casa. Al suo fianco c'è anche "Wounded Knee", il mujaheddin con il kalashnikov dal calcio fasciato con un nastro isolante verde pisello che da anni ci chiede, ogni volta che passiamo, compresse miracolose per il suo ginocchio malandato.

"Hemros bisior taora, devon ast," ci sono un sacco di aerei oggi, sono matti. Ci sorride contento, beato lui: io non riesco più a capire chi sia il più matto lì dentro, in lontananza si sentono ora gli scoppi sordi e profondi delle bombe americane.

Certo non era lo scenario che ci aspettavamo, dopo aver a lungo negoziato con tutti il passaggio del fronte. Tipica situazione afgana, penso, mentre Najib sta discutendo con Alim Khan: tutti d'accordo, nessun problema, poi si arriva al fronte e... i talebani stanno sparando, i mujaheddin pure, e quelli lassù non smettono di sganciare bombe. Una bella prospettiva.

"Bisogna tornare indietro, e parlare con il generale Azimi," dice Najib.

"Dove sta?"

"A Kapisa. Ci posso andare da solo, lui potrà dare l'ordine di cessare il fuoco."

Ci sediamo sotto un grande albero appena fuori dalla casa di Alim Khan, Fabrizio fuma nervosamente, Alberto scuote la testa, Kate legge, come sempre quando non c'è altro da fare che aspettare.

Najib è già via da un pezzo, siamo in ritardo.

Suona il satellitare.

"Ciao sono Marco, dove siete?" sembra concitato.

"Al fronte, più o meno nel posto dove si caricano i muli."

"Ascolta. C'è un messaggio di Qanouni, è passato in ospedale poco dopo la vostra partenza. Non dovete passare per quella strada, dovete fare la pista di Chinaki. Ripeto, Qanouni dice di non passare di lì, andate a Chinaki, lì potrebbe essere molto pericoloso."

Stiamo cominciando a rendercene conto, se il ministro dell'Interno si scomoda personalmente alle otto del mattino per passare un simile messaggio.

Sono furibondo. Come è possibile che in questo paese le cose non vadano mai come dovrebbero? Non ho alcuna intenzione di lasciar perdere, adesso che siamo al fronte, e che le nostre macchine probabilmente ci stanno già aspettando dall'altra parte. L'idea di ricominciare daccapo mi fa montare la rabbia.

E poi dove cazzo è Chinaki? Mai sentito nominare. Dovremmo metterci su una pista che non abbiamo mai percorso e passare il fronte in un luogo sconosciuto? E che facciamo una volta di là, con muli e bagagli a zonzo per il fronte, e le macchine che ci aspettano da tutt'altra parte, magari a venti chilometri di distanza? Chinaki? Neanche a pensarci.

Torna Najib. "Azimi ha saputo solo stamattina del passaggio del fronte, dice che possiamo cercare di contattare i talebani. Se sta bene anche a loro, lui darà l'ordine di non sparare."

Alim Khan obbedisce prontamente, tiene la ricetrasmittente con il braccio teso in alto e parla forte e chiaro: "Ahmed, Ahmed: mesnavi? mesnavi?", mi senti?

"Mesna."

"Al salam alekkum..." Come si riesca a dire "la pace sia con te" al comandante nemico con cui ci si spara così regolarmente da dovergli noi chiedere di piantarla per un'ora, resta uno dei misteri dell'Afganistan.

Alim Khan ride e scherza via radio, prima di passare a cose più serie.

"Ci sono quelli di Emergency, vogliono venire dalla vostra parte."

"Lo sappiamo, ci sono i loro da Kabul, che sono venuti a prenderli."

"Allora, cosa facciamo?"

"Fateli passare."

"Va bene?"

"Sì per noi va bene, e per voi?"

"Sais, qhud offiz," va bene, arrivederci.

Kate mi guarda con aria interrogativa. È evidente che sta pensando le stesse cose: che cosa fare, ascoltiamo il consiglio di Qanouni e giriamo al largo, o ci fidiamo delle conversazioni radio tra i responsabili dei check point che si fronteggiano, e si ac-

coppano, da anni? Sarà una trappola? E come la mettiamo, con i bombardamenti in corso più giù, verso Bagram?
"Andiamo."
Non dobbiamo perdere tempo, prima che qualcuno di questi signori ci ripensi. Jalil è già scattato e sta trattando con due guardie l'affitto dei muli, non senza discussioni perché i muli – sostengono i proprietari – non hanno conducente e una volta di là i talebani se li pigliano, e chi garantisce che i muli tornino, e chi paga se sparano e accoppano un mulo.

Accordo raggiunto: Najib attraverserà con noi, e con i muli, la terra di nessuno, poi riporterà da questa parte gli animali.

Ci incamminiamo per il sentiero sassoso uscendo allo scoperto.

Vado avanti, Kate è dieci metri più indietro, poi Fabrizio e Alberto, Koko Jalil e Najib con i muli. Cerchiamo di procedere tenendoci in fila anche se distanziati, e di mettere i piedi dove è passato chi sta davanti: abbiamo due feriti in Panchir, due contrabbandieri finiti sulle mine la settimana scorsa cercando di attraversare il fronte di notte.

La terra di nessuno si è molto ristretta, rispetto all'ultima volta che siamo passati di qui, i talebani sono avanzati ancora, non più di un chilometro li separa adesso dai mujaheddin.

Il sentiero si snoda in salita a lato della montagna, per sparire alla vista in cima alla collina, con una brusca curva a sinistra. A dividere i due mondi sta un container rosso mattone sforacchiato dalle pallottole e riempito di massi, messo di traverso a sbarrare la strada a ogni veicolo. Sulla destra del container, e un po' più in alto, rocce frastagliate dominano il sentiero. Sembra di vedere qualcuno in movimento, difficile capirlo perché stiamo avanzando con il sole quasi di fronte.

Ancora un quarto d'ora: qualcuno lassù in alto si sta sbracciando, lo imito con un ampio gesto di saluto, senza fermarmi. Il sole caldo e la tensione fanno sudare abbondantemente.

Quando alzo di nuovo lo sguardo, posso contare almeno otto turbanti che spuntano dalle rocce. Bisogna stare calmi, sappiamo di essere sotto tiro, non dobbiamo fare altro che continuare a camminare, e prepararci a larghi sorrisi di circostanza.

Scendono in due sul sentiero, ci vengono incontro. Quello a sinistra mi sembra Rahmatullah.

Rahmat – come lo chiamano anche a Kabul – è di etnia pastun, come la metà degli afgani, ha venticinque anni e viene dalla provincia di Helmand, nel sudovest. Una famiglia benestante e molto influente nella regione, che per rispetto della tradizione aveva dato il proprio contributo umano alla guerra santa: Rahmat era stato il prescelto, per unirsi ai talebani. Così era arrivato a Kabul.

Ma si era ben guardato dall'arruolarsi. Approfittando del proprio status di intoccabile, aveva comprato un'auto e faceva il taxista a Kabul. Nessuno gli aveva fatto domande.

Un giorno, quasi due anni fa, gli era stato chiesto di trasportare un passeggero, una donna, fino a Tagab e poi su al fronte. Aveva accettato e così aveva conosciuto Kate ed Emergency.

Magro, allampanato, la barba scura e lunga, il turbante nero, Rahmat può mettere davvero paura; ma adesso è un grande sollievo vederlo venire incontro.

Ad accompagnare Rahmat è un ufficiale dei talebani: "Al salam alekkum".

È cortese ma asciutto, lancia una rapida occhiata a Kate, e insieme continuiamo per il sentiero verso la prima linea. Parte qualche urlo dalla montagna, e ora che ci stiamo girando intorno si materializzano molte postazioni di razzi e mitragliatrici pesanti. L'ufficiale risponde a gesti, poi comunica a lungo via radio.

"C'è qualche problema?" gli chiedo in *farsi*, ma non mi aspetto risposta, considerata la stupidità della domanda.

Passiamo davanti alle prime mitragliatrici talebane, le facce sono scure, c'è molto nervosismo e poca voglia di salamelecchi.

Gli altri ci raggiungono, Rahmat chiama via radio le nostre tre macchine, parcheggiate un chilometro più a valle, scarichiamo i bagagli e ci congediamo da Najib, che se ne va veloce. Vogliamo saperlo di nuovo dall'altra parte, con i muli, prima di andarcene.

"Non doveva esserci con voi qualcuno del ministero della Difesa?" chiedo a Rahmat.

"Ci sono. Sono tornati giù a Solonak. Il villaggio è stato colpito dalle bombe americane, questa mattina verso le nove. Noi ci siamo passati un quarto d'ora dopo."

Solonak? Una trentina di case, ci abitano famiglie, con tanti bambini e tante galline. Che senso ha bombardare Solonak?

È mostruoso. Però fa meno effetto, se si usa il linguaggio della guerra, allora Solonak diventa soltanto "frontline", linea del fronte. È suadente, asettico, bonario il linguaggio della guerra: se c'è un fronte ci saranno di sicuro dei nemici, e se ci sono nemici vuol dire che c'è la guerra, e in guerra si spara e si bombarda, purtroppo è così...

E allora Solonak non esiste più come villaggio, è diventato il fronte, e al fronte non è come nelle retrovie, al fronte tutto è concesso, anche le cose più turpi.

Che sia massacrata una famiglia a Solonak diventa del tutto

irrilevante nel linguaggio e nel pensiero della guerra: una cosa ovvia, prevedibilissima, non è bello ma è così, anzi è sempre stato così, una cosa talmente banale che sorprende perfino ci sia qualche rompicoglioni che voglia discuterne. È il fronte.

"Ci sono vittime?"

"Ho visto almeno tre cadaveri sulla pista, tra cui una bambina. Anzi, erano pezzi di cadavere. Non so dirti esattamente quanti morti, Farhad è andato con quelli della Difesa a vedere, forse ne saprà di più."

"Dobbiamo aspettarli?"

"No, l'accordo è che ci raggiungano lungo la pista."

"Allora andiamo." Fabrizio si mette davanti, a fianco di Rahmat, la piccola cinepresa pronta, io e Kate sui sedili dietro. Alberto e Koko Jalil sono sulla seconda macchina, la terza è carica di bagagli.

Si parte.

"Quanto tempo per arrivare a Kabul, seguendo la pista di Bagram?"

"Un paio d'ore, se tutto va bene. Ma..."

Ci abbiamo sempre impiegato almeno cinque ore e mezza, da questo punto. Cerco di vedere il bicchiere mezzo pieno, confortandomi all'idea che il viaggio sarà molto meno faticoso.

"Sì?"

"...Ci sono problemi grossi oggi. I bombardamenti lungo la pista sono continui." E noi non passiamo certo inosservati, con la lunga nuvola di terra che le nostre macchine sollevano sulla pista sabbiosa.

Si attraversa più volte il fiume, che qui si dirama in continuazione girando attorno a cunette di sabbia e ghiaia.

È il fiume Panchir, lo stesso in cui su nella valle i cacciatori piazzano anatre di legno nella corrente, conficcate nei molti rottami che affiorano, per trarre in inganno gli uccelli predatori e indurli a scendere giù, alla portata dei loro vecchi fucili ad avancarica.

Sopra di noi, continua il passaggio dei bombardieri.

Ci fermiamo a Mirsambad, devo informare Teresa e gli altri della sede di Milano che siamo da questa parte del fronte. Perdo cinque minuti per trovare il segnale satellitare.

"Da qui in poi niente più fermate fino a Kabul. E Rahmat adesso deve guidare veloce." Kate è perentoria, devono essersi consultati mentre ero al telefono.

Sulla pista aumentano i rottami: non sono arrugginiti, questi, come il vecchio carro armato sovietico su cui giocavano i bambini del villaggio che abbiamo appena lasciato. Rottami di pick-up, di camion e di autoblindo accartocciati, le lamiere ancora splendenti, forme bizzarre come le palle di rovi portate dal vento.

"Hanno martellato questa pista, stamattina," dice Rahmat che è molto attento alla guida. E aggiunge: "Guardate là, sulla destra".

C'è un buco rotondo nel terreno, dieci metri di diametro, terra smottata di recente. "Quella è una bomba di questa mattina. Quando abbiamo fatto la strada per venirvi a prendere, verso le sette, quel buco non c'era. E di buchi ne ho già visti altri quattro che non c'erano stamattina."

Rahmat è preoccupato. Lo conosco bene.

Questa volta non si sogna neppure di mettere, come ha sempre fatto, la musica rock ad alto volume fino in prossimità dei check point talebani, né ha voglia di raccontare gli ultimi scherzi fatti a Rafiq, talebano convertito che adesso serve il tè nell'ospedale di Kabul.

Siamo tesi. Non ci aspettavamo certo passatoie rosse e servizio di ristoro nell'attraversare il fronte, però il bilancio, per il momento, non è straordinario: abbiamo perso quasi tre ore per ottenere un cessate il fuoco già concordato il giorno prima, e ci troviamo qui con i bombardieri sopra la testa, un convoglio ben visibile dall'alto, e a rendere la cosa più attraente siamo anche i primi che passano il fronte, dopo l'11 settembre.

Rahmat va veloce, conosce la pista.

"Dast Haji," indica Rahmat. Mi sorprende perfino che abbia un nome, questo posto desolato di case diroccate.

Non sono in gran forma. Paradossalmente, l'umore migliora non appena sento la leggera sbandata di Rahmat e il rumore inequivocabile: gomma bucata.

Ci sono situazioni nelle quali mettersi a ridere è l'unica reazione seria: che cos'altro si può fare di sensato quando si fora proprio davanti alla prima linea dei talebani, che da sopra gli altri stanno riempiendo di bombe? Cambiare la gomma in fretta, per esempio, come sta facendo Jalil aiutato da Namat, l'autista della seconda macchina. E cercare di non pensarci.

Così, al passaggio di un B-52, improvviso un discorso al pilota – a beneficio di Koko Jalil – spiegando che lì sotto non siamo né talebani né di Al Qaeda: "Non siamo terroristi, qui con noi c'è solo un maulawi", dico guardando per aria, e additando Koko Jalil.

Koko reagisce subito, alzando la voce e gli occhi al cielo per chiarire l'equivoco: "Kam, bisior kam maulawi", un piccolo maulawi, molto piccolo.

Perché i grandi maulawi, leader religiosi, sono tutti alti pa-

paveri dei talebani, e Koko Jalil non vuole confusioni in questo momento.

Mi ha rinfacciato da subito, e probabilmente non la smetterà mai, di aver cercato di vendere la sua pelle denunciandolo a un top gun americano. A nulla sono valse le mie dichiarazioni di innocenza, né il tentativo di spiegare al mio amico che il pilota non avrebbe mai potuto sentirmi, come confermano anche Kate e Fabrizio.

"Ma come poteva capire, gli ho parlato in *farsi*," ho anche fatto notare. Niente da fare, Koko Jalil resta convinto del complotto, però la gomma è stata cambiata in fretta.

Stiamo correndo veloci, ora la pista è più larga. Ecco Qarabach. Ero venuto da queste parti una sera di due anni fa, a cena in casa del comandante Haji Almoz. Anche allora c'era il fronte, ma era diverso, la gente si era abituata a conviverci. Adesso la devastazione è quasi totale.

Il boato è forte, cupo, profondo, la terra trema, e fa sbandare il nostro fuoristrada: un B-52 ha sganciato lì sulla destra – quanto sarà distante, un chilometro? – e si leva alto un grande fungo nero.

"È esplosa adesso, just now!" esclama Kate.

Questi sono pazzi, è il pensiero che non mi abbandona.

Fabrizio ruba qualche immagine con strane contorsioni, Kate resta incollata al finestrino, a guardare il fungo della civiltà.

Ci sono altre esplosioni, ma ormai siamo vicini alla strada asfaltata, Kabul è appena dietro le montagne. Incrociamo tre pick-up infangati che corrono in senso opposto con le mitragliatrici dietro la cabina, non si occupano di noi, bene.

Ancora mezzora, Rahmat è sempre teso, guida un po' troppo veloce.

Penso alla pista che abbiamo percorso, mai usata da quasi due mesi, e che oggi è stata bombardata ripetutamente. Nonostante avessimo dato precise informazioni sul nostro passaggio.

E penso a Solonak, il villaggio che sta in cima alla pista, dove almeno tre persone, tra cui una bambina, sono state fatte a pezzi nella loro casa, poco prima del nostro passaggio.

Devo sforzarmi, per riuscire a mettere a tacere dubbi laceranti.

Ma devo farlo, perché adesso è il momento di essere felici, siamo alla periferia di Kabul, già vediamo biciclette e carretti, e i talebani che fermano tutti a ogni incrocio.

Kabul, ce l'abbiamo fatta, sono le quattro del pomeriggio.

Sono felice, finalmente ci siamo, guardo dal finestrino strade ed edifici squarciati che ben conosco, perché anche gli occhi si convincano che è proprio Kabul.

È l'8 novembre.

Quanto tempo è passato, un'eternità dalla partenza da Milano. Quanta fatica, quante incazzature, quanti rischi, quanto lavoro di tanta gente, per mesi e mesi, per riaprire questo ospedale.

"Sei contento?" chiede Kate con un sorriso.

"Sì, sono felice." Per tutti quelli di Emergency, per il nostro staff, per coloro che in questo momento saranno nella sede di Milano, tesi e preoccupati in attesa di notizie. Ci saranno anche Teresa e Cecilia.

Tra cinque minuti riceveranno la mia telefonata.

Ecco il grande cartello EMERGENCY SURGICAL CENTRE FOR WAR VICTIMS, siamo davanti al cancello dell'ospedale.

19.

Kabul

Najib e Waseem, Afizullah e Nasir, poi Waheed e Rafiq, e Noor Aga e baba Jabbar: sono in tanti ad aspettarci, in ospedale. Contenti di vederci, sono saluti caldi e abbracci forti.
Chiamo subito Milano.
"Siamo arrivati. Siamo a Kabul," ripete ad alta voce Teresa a tutti quelli che le stanno intorno in sede.
Non capisco se sono applausi o urla di gioia quelli che fanno gracchiare il satellitare, poi sento Teresa pronunciare la frase di rito: "Ragazzi, adesso stappiamo".
Teresa, mitica presidente di Emergency, che ha dato all'organizzazione il proprio stile e regole precise, come quella che le buone notizie si danno con un bicchiere di vino in mano.
Teresa è una sorpresa, ogni giorno. Sorprende tutti coloro che la conoscono, per l'intelligenza e la simpatia, perché è bellissimo ascoltarla, e guardarla. Sorprende per la sua capacità, unica, di capire le persone, di tenere insieme un gruppo, dando molto a tanti, anche nei momenti difficili.
Poi, quando c'è qualcosa da festeggiare, o una bella notizia che allenti la tensione, Teresa si rilassa. È allora, quando la fine della tensione è ufficialmente certificata dal bicchiere di rosso, che di solito se ne esce con commenti e domande bizzarre, e inizia a chiamare la gente con nomi altrui. Io sono stato per anni "Cecilia".
Teresa è contenta che siamo a Kabul. Si lamenta, con l'ironia che dice di aver imparato da me e Cecilia: "Nostra figlia, che mi vuole male, mi sta avvertendo che non devo essere così felice. Mi ricorda che non sei arrivato a Viareggio, ma a Kabul. Pazienza, anche questa è fatta. Ricordati di prendere l'aspirina".
Anche noi siamo contenti, molto.

Non smetto di camminare per l'ospedale, è come riappropriarsene. Le stanze vuote e fredde presto riprenderanno vita, torneranno a essere corsie per i nostri pazienti, la giostra e lo scivolo e le altalene si riempiranno ancora di bambini. Qualcuno ci critica per questi "particolari", i "lussi" non strettamente necessari alla sopravvivenza dei pazienti: le pareti affrescate nelle corsie pediatriche, la cura maniacale della pulizia, dei pavimenti lucidi, dei servizi igienici in cui si sente l'odore dei detersivi.

Dicono che c'è sproporzione rispetto al livello del paese, alle devastazioni della guerra che segnano il territorio appena fuori il muro di cinta dell'ospedale.

Ma perché? Costa poco di più mettere nel giardino bougainville, gerani e rose. E altalene. Costa poco e aiuta a guarire meglio. Sono sicuro che i nostri sostenitori, quelli che sottraggono cinquanta euro alla pensione, o che consegnano agli amici, come lista di nozze, il nostro numero di conto corrente postale, sono d'accordo con questa scelta.

Uno dei principi della nostra organizzazione, che spieghiamo al personale medico e paramedico disposto a partire con noi, è semplicissimo: "Non si va nei paesi del cosiddetto 'Terzo mondo' a portare una sanità da Terzo mondo. Un ospedale va bene quando tu saresti disposto, senza esitazione, a ricoverarci tuo figlio, tua madre, tua moglie".

Il nostro viaggio e la fatica di Marco e degli altri in Panchir sono parte di un progetto più grande, che coinvolge molti.

Noi abbiamo il privilegio di poter essere immediatamente utili. Ma in Italia ci sono decine di migliaia di persone che rendono possibile tutto ciò, non solo sostenendoci economicamente, ma anche, come mi dicono da Milano quando mi sento depresso, "circondandoci di affetto".

Ci fosse Aladino disposto a esaudirmi un desiderio, chiederei questo: che fossero tutti qui a vedere la riapertura dell'ospedale.

Sarà di nuovo il nostro ospedale, dove si cerca di cucire ferite e riannodare brandelli di umanità, di cominciare di nuovo a vivere in mezzo alle tragedie.

Intanto, si è avvicinato Najibullah. "Mister Zaheed è qui e vuole vederti."

Prendiamo il tè nell'ufficio di Kate. Lo accompagnano un alto funzionario del ministero degli Esteri e uno della Difesa.

Najibullah traduce.

"Vi do il benvenuto ancora una volta nell'Emirato islamico dell'Afganistan. So che siete passati attraverso molte difficoltà per arrivare a Kabul, e voglio ringraziarvi di essere qui." Zaheed sembra sincero, non sta solo interpretando un ruolo ufficiale.

Chiunque abbia conosciuto il maulawi Abdul Rahman Zaheed non lo potrebbe certo associare allo stereotipo del talebano fanatico.

Colto, dai modi gentili, a tratti raffinati, fin dai nostri primi incontri Zaheed si era mostrato persona ragionevole, parlava pacato con le mani incrociate sul grembo a far girare il rosario, il lungo turbante che gli scendeva fin sui fianchi.

Nel suo ufficio al ministero – è la prima volta che viene a incontrarci in ospedale – stava seduto su una grande poltrona, affiancato da segretario e traduttore. Parlava sempre in pastu, lentamente, con un'aria vagamente ieratica. Zaheed è in realtà una persona di spirito e di grande intelligenza. Crede in quello che dice, e mantiene quello che promette, almeno questo ha fatto nel rapporto con noi.

Si chiacchiera un po' senza decidere nulla e, quando ci alziamo, Najibullah mi bisbiglia: "Mister Zaheed vorrebbe un meeting privato, da solo con te e Kate".

Non c'è problema, basta lasciar sfilare gli astanti.

"I'm so glad to see you," sono così felice di vedervi, attacca Zaheed nel suo inglese fluente ma quasi sempre celato, e ci confida alcune cose che lui ritiene importanti.

Innanzitutto annuncia che mullah Abbas ha finalmente deposto le armi. Sconfitto.

"Sapete che cosa mi ha detto uscendo dall'ultimo Consiglio dei ministri? Mi ha guardato e ha detto: 'Hai vinto tu, i tuoi amici ritornano a Kabul'. Ha perso."

Bella notizia, ci fa tirare un sospiro di sollievo.

Poi ci spiega che il ministro degli Esteri, mullah Muttawakil, è ormai da lungo tempo a Kandahar: certo, lavorano in grande collaborazione, ma in questo momento tocca a lui, Zaheed, assumersi tutte le responsabilità. È lui che comanda a Kabul.

Ci ricorda anche che Stanekzai, il viceministro della Sanità, "purtroppo oggi è fuori Kabul e non è potuto passare a salutarvi, ma vi aspetta".

"Ci servirà il suo aiuto."

"Allora, quando pensate di riaprire?"

"Se c'è un'urgenza, possiamo aprire anche tra un'ora," risponde decisa Kate, "ma domani vedremo di organizzarci."

"Bene."

"E senti, mi servono guardie armate fuori dall'ospedale, e anche fuori dalle nostre abitazioni," aggiungo io, prima che il meeting finisca senza aver discusso di sicurezza.

"Quante?"

"È possibile dodici, otto più quattro?"

"Va bene, dodici."

"Quando possiamo averle?"

Zaheed risponde con un lungo discorso sulla situazione politica, e finisce con lo spiegarci che ogni decisione sulla assegnazione di guardie armate a Kabul dipende da lui.

Non dobbiamo preoccuparci, Zaheed è la più alta autorità nella capitale, l'uomo forte. Non ce lo vedo proprio come uomo forte, ma mi fa piacere, Zaheed è tutt'altro che un esagitato. Ed è dalla nostra parte, ha fatto anche lui, viceministro talebano, la sua battaglia per aiutarci a dare un ospedale alla gente di qui.

Siamo tranquilli.

"Possiamo andare a dormire nelle nostre case, o pensi che sia meglio restare qui in ospedale?"

"Ma no, andate a casa, e riposatevi, ci vediamo sabato."

Con Koko Jalil e Najibullah andiamo a dare un'occhiata a casa.

Non molti dei "vicini" sono presenti, mi sembra naturale, in questi giorni saranno tutti al fronte. Ci sono solo due pick-up parcheggiati, un ragazzo dai capelli lunghi e incolti sta al cancello con il kalashnikov a tracolla, per il resto la guest house dei sauditi sembra tranquilla, dal cortile giungono schiamazzi di bambini che giocano.

Torno a dare la bella notizia agli altri: "Possiamo starcene a casa nostra stanotte".

"Andiamo a scaricare i bagagli," propone Alberto.

"Andiamo."

Kate arriva a casa alle otto e un quarto, stavamo giusto chiedendoci dove fosse finita, visto che alle nove non c'è solo il coprifuoco ma anche l'oscuramento, come ci aveva informato Afizullah. Niente luci, di nessun tipo, in tutta la città. L'ha deciso Amir ul Momineen, ordine di sparare a chi trasgredisce. Dobbiamo tenere spente anche le luci dell'ospedale.

"Com'è andata?"

"Ho programmato il lavoro per domani, potremmo farcela ad aprire tutti i reparti sabato mattina."

"Sei impazzita? Domani è venerdì, è festa."

"Non ti preoccupare."

In effetti, non è la cosa che mi preoccupa di più, in questo momento: devo avere quasi terminato l'adrenalina, gli ultimi tre giorni sono stati davvero pesanti.

Provvediamo all'oscuramento delle vetrate, cosa che gli orrendi ed enormi tendoni blu compiono senza fatica, e sistemiamo il piccolo generatore da un kilowatt in cantina. Così nessuno sente il rumore, né vede la luce, e noi possiamo guardare le notizie in televisione.

"La sconfitta dei talebani nell'Afganistan del Nord." Non potrebbe essere altrimenti.

È da tempo che il generale Dostum, il leader uzbeko più potente del Nord, è in buoni rapporti con l'Alleanza. Già un anno fa aveva iniziato a erodere il potere dei talebani nella regione di Mazar-i-Sharif, conquistando molte posizioni.

"Musharraf all'Alleanza: non entrate a Kabul." Anche se il giornalista la chiama "monito", la frase di Musharraf suona esattamente come una minaccia. Niente di nuovo, il dittatore pakistano – che ora gli occidentali chiamano "presidente" – cerca di continuare a dare ordini agli afgani: lo faceva prima coi talebani, e vuole continuare a farlo con chi sta sconfiggendo i talebani.

Ormai si parla di Mazar-i-Sharif "liberata", e Bush ripete: "State fuori da Kabul".

Bush e Musharraf vorrebbero evitare che la capitale finisca nelle mani dell'Alleanza del Nord. Questo però potrebbe incoraggiare tutti i talebani e arabi in ritirata dalle zone "liberate" a concentrarsi qui.

Preferisco non pensarci, e preferirei non pensare neppure alla prospettiva di un altro bagno di sangue in città, se si dovesse arrivare, come nel 1992, a combattimenti casa per casa. Ma è difficile riuscire a dimenticare l'incubo di Kabul, per chi ha vissuto quei giorni e quei mesi sotto le bombe, i razzi e le raffiche di mitra, tra centinaia di morti e feriti ogni giorno.

I talebani saranno sconfitti, non c'è alcun dubbio. Se ne dovranno andare, e con loro se ne andranno quei pazzoidi carichi d'odio che sono qui per imparare a uccidere.

Anche loro per sfruttare l'Afganistan. I combattenti della jihad odiano gli afgani, li disprezzano, e lo fanno vedere. Usano questo paese e questa gente per i propri fini, come hanno fatto in molti negli ultimi duecento anni, come qualcuno sta facendo adesso.

Come se ne andranno i talebani e i loro amici? Arrivederci e grazie? Koko Jalil fa il suo giro di ispezione in giardino, e si ferma a chiacchierare con il nostro staff.

La città è al buio, e la sua gente si prepara a un'altra notte di bombe. Jalil rientra in casa. Per la prima volta, negli anni passati a Kabul, mi assicuro che tutte le porte siano ben chiuse, a chiave.

Si va a letto ad aspettare il muezzin che ci sveglierà presto domani, il venerdì mattina è il giorno della preghiera più lunga e rumorosa.

Alle sette del mattino chiedo a Jalil notizie di Kate, che non è ancora comparsa; per Fabrizio e Alberto non ne ho bisogno, so

benissimo che cosa stiano facendo, in orari che considerano ancora notte fonda.
"Raftan shafakana saad shash."
"È andata in ospedale alle sei?"
Koko Jalil conferma.
In ospedale, Afizullah mi accompagna a vedere i danni. Gran gentiluomo, l'ingegner Afizullah. Otto anni di studi a Mosca, cosa che l'aveva immediatamente reso simpatico a Giulietto Chiesa quando si erano incontrati nel marzo scorso, perché gli aveva dato occasione di sfoggiare il suo russo impeccabile.

Afizullah mi racconta della famiglia, come fa spesso, e della vita di sempre. Continua a estrarre la radio da sotto l'armadio, dove la tiene avvolta in un patou, e ad ascoltare a basso volume, sdraiato sul pavimento, le novità sulla guerra per non perdere contatto con il mondo. Pronto a farla sparire, dovessero arrivare i "marouf", la polizia religiosa.

"Bisogna stare attenti in questi giorni, controllano tutto, fanno irruzioni, rubano, arrestano, sparano," dice a bassa voce.

Afiz non ne può più dei talebani. Lui è ingegnere e anche architetto, ama il suo lavoro, ama costruire cose belle. Ma non aveva mai trovato alcun lavoro nella Kabul dei talebani, prima di unirsi a noi e dirigere la costruzione dell'ospedale.

Aveva studiato a Mosca, e tanto era bastato: bollato come comunista, niente lavoro.

"In questi giorni a Kabul va meglio ma, credimi, le settimane scorse sembrava ci fosse il terremoto." Afizullah fa tremare la mano e scuote la testa, è molto provato.

"Come sta la piccola Anisa?"

Ha sette anni adesso, e il futuro di Anisa preoccupa Afiz da sempre, l'idea che sotto il regime dei talebani non potesse studiare lo ha sempre angosciato.

"Anisa ha paura."

Con Afizullah contiamo fino a trenta crepe nelle piastrelle dei corridoi dell'ospedale, poi smettiamo di contare. "Ameriki, boom boom," dice Samad Ali con un sorriso, posando per un attimo scopa e strofinaccio. Ci sono un paio di muri danneggiati, ma la posizione dell'ospedale nella centralissima Shar-i-Nau è servita a proteggerlo.

Dobbiamo oscurare le finestre della sala operatoria e della terapia intensiva, e collegare un generatore, nel caso in cui dovessimo operare di notte. Per le corsie dell'ospedale, faremo bastare le torce.

Intanto si è fatto pomeriggio. Kate sembra essere svanita, non la si vede da molte ore. Fabrizio e Alberto si sono fatti vivi e stanno caricando batterie, Koko Jalil è al bazar, o così dicono.

"A proposito, Najibullah, ancora nessuna novità rispetto alle guardie armate?"
"Non si è visto nessuno."
"Ma non potremmo..."
"È venerdì." Peccato che, a giudicare da quel che ci vola sopra la testa, non sembra che la guerra rispetti la festività.
"E Zaheed che cosa dice?"
"Non lo abbiamo sentito."
Ho capito, bisogna rassegnarsi a passare anche questa notte senza guardie, ma è andata bene la notte scorsa, pazienza.
Torno a casa coi twins, Kate è irreperibile.
Cucinare resta per me tra le attività più rilassanti, in certe situazioni. Forse perché sento di fare una cosa positiva, preparare il cibo, e cerco anche di farlo in modo gentile, che faccia piacere a chi lo dividerà con me. Optiamo per un risotto, il che mi obbliga ad andare a prendere lo zafferano nella casa a fianco e mi consente di contemplare la miriade di scarpe, sandali, ciabatte e stivali che sbarrano la porta di casa.
Ecco dov'era finita: appoggiata al tavolino del soggiorno, una trentina di afgani seduti tutt'intorno su cuscini e tappeti, ognuno con il suo foglietto di carta in mano, Kate fa domande e controlla risposte, prende appunti e distribuisce nuovi foglietti.
"Buonasera. E questa che cos'è, una loya jirga?"
"Esattamente, l'assemblea generale. Qui ci sono tutti i responsabili dei vari reparti e servizi. Per molti di loro sono compiti nuovi, ma pazienza, non abbiamo tanto personale. Almeno adesso tutti sanno quello che devono fare. Stiamo facendo il ripasso, vero Afiz?"
Afiz sorride.
"E come va il ripasso?"
"Domani mattina alle otto l'ospedale sarà up and running, aperto e funzionante." Kate ha fatto il miracolo.
"Splendido, allora ci vediamo per cena, diciamo tra un'ora?"
"Ringrazia. Tutti loro. Hanno lavorato da stamattina presto senza fermarsi, e continueranno per tutta la notte."
"Grazie davvero, ci vediamo più tardi per il risotto."
"Faccio un salto quando ho finito."
Kate non la vediamo più fino al mattino, ma si sa, molti inglesi non stravedono per la cucina mediterranea.

20.

Vuoto di potere

Chiamiamo Marco in Panchir, ieri sera non ci siamo sentiti: è ancora in sala operatoria, ci sono stati molti feriti durante la notte. Saranno stravolti, lui e Akbar, ventiquattro ore al giorno di guardia.

Alle nove Najibullah mi accompagna al ministero della Sanità, a incontrare Haji Mohammed Stanekzai, l'unico del governo che non sia un mullah o un maulawi.

Lo trovo un po' stanco. Vuole sapere del nostro viaggio, e come va l'ospedale in Panchir e come è stato attraversare il fronte. È però chiaro che la sua testa è altrove, Stanekzai è in politica da molto, e le notizie dal Nord non sono certo incoraggianti.

"È vero che è stata presa Bamyian?"

"Sì, però è successo che le forze nemiche sono arrivate in massa e allora da Kandahar hanno dato ordine alle nostre truppe di ripiegare per evitare spargimenti di sangue in città. Ma per il resto le forze talebane controllano la situazione."

"L'ospedale è aperto."

"Bene."

Stanekzai è assente.

Bene? Tutto qui, una parola di commento per una trattativa che ci ha visti impegnati per sei mesi. Nessuna menzione delle interminabili e cavillose riunioni per stilare documenti, cercando, tra quelle a lui comprensibili, le parole più suadenti per mullah Abbas.

Preferisce parlare della situazione politica, dell'attentato a New York, della risposta degli Stati Uniti.

Gli rammento anche delle migliaia di criminali fanatici che si vedono in giro. Non c'è problema con Stanekzai, sa esattamente che cosa penso delle milizie talebane. Una volta aveva minacciato di interrompere una riunione ufficiale, in presenza dell'ambasciatore italiano, dopo che gli avevo intimato di tenere lontani i suoi "gorilla" dal nostro ospedale. Nessun problema nel ricordargli che sarebbe meglio se i giovani frequentassero più scuole e meno campi di addestramento militare.

"Lo so bene quanto sia importante l'educazione. L'analfabetismo ha sempre creato disastri in questo paese, è una piaga diffusa. Pensa, quante donne qui sanno leggere e scrivere?"

Devo ricordarmi che non sto sognando. Vecchia volpe, Stanekzai, che sa fiutare il vento.

In ogni caso, è contento di vedermi. Ho avuto anche duri scontri con lui in passato, ma è una persona intelligente e ragionevole, e sa voltare pagina, il che non è poco.

"Se vi serve qualcosa, non esitate a chiedermelo."

"A presto."

Esco di fretta dal ministero e quasi mi sfugge il gruppo di persone seduto al sole, sulla scalinata. Al centro sta mullah Abbas, con l'inseparabile presunto papà.

Vado a salutare, per fortuna con loro c'è il dottor Zaid che può fare da interprete. È un incontro cordiale: mullah Abbas mi stringe la mano nel suo modo moscio, non chiede come va con l'ospedale, d'altra parte ha smesso solo cinque giorni fa di lottare per tenerlo chiuso, ma in compenso sorride.

"Paman nakuda," mi saluta in pastu.

Entrare nell'ospedale è un'emozione, come fosse la prima volta.

Un ospedale vivo, finalmente, con gli infermieri in calzoni blu e camice bianco, e il cartellino plastificato con la foto appeso al taschino.

"Che te ne pare? Vedrai, piano piano ci stiamo organizzando," è il saluto del mattino di Kate. Penso, anche se non lo dico, che sia troppo bello, che ho bisogno di starci ancora un po' dentro, per rendermi conto che è davvero così, l'ospedale è di nuovo aperto.

Richiamo in Panchir e riesco a intercettare Marco tra un intervento chirurgico e l'altro: "Combattono ancora, giù vicino a Bagram".

"E la situazione in ospedale?"

"Teniamo botta, Akbar è bravo, può fare molti interventi ortopedici, Gul Mohammed sta seguendo la terapia intensiva e Akbar Jan le corsie."

"E Salim?"

"Non si muove dalla sala ricoveri: ieri sera ha fatto lui il triage dei feriti, è bravissimo. E lì piuttosto?"

"L'ospedale è aperto."

"Cooosa?"

"Sì, è aperto da questa mattina. Siamo pronti a ricevere pazienti."
"Splendido."
"Che aria tira, in Panchir?"
"Gran movimento, un viavai verso lo Shomali, molte truppe."
"Capisco."
"E ieri mattina, venendo in ospedale, ci ho fatto caso: scarpe da tennis, anzi *scarpun*."

Ridiamo. Una sera del mese scorso, in Panchir, si parlava delle continue voci di imminenti grandi offensive militari, obiettivo Kabul.

In Kurdistan avevo imparato – e lo avevo detto a Marco – a non dare retta alle mille notizie di attacchi imminenti. La mia ricetta era quella di osservare le scarpe dei peshmerga, i guerriglieri curdi.

Quando se ne vedevano in giro a frotte con le scarpe da tennis nuove fiammanti, era ora di preparare fleboclisi e barelle.

Non so perché sia così, anzi l'ho sempre trovata un'altra delle stranezze mentali di chi fa la guerra, visto che se si deve camminare tanto, e magari correre, le scarpe nuove non sono certo il massimo del comfort. Però loro usavano così, e noi potevamo trarne vantaggio per aumentare le nostre capacità predittive: scarpe nuove, allarme. Con Marco avevamo deciso di verificare se funzionava anche in Afganistan: osservare le truppe, soprattutto i loro piedi.

Per la verità, bastava meno per capire che l'Alleanza del Nord si stava preparando all'attacco, questo lo sapevano anche i cani randagi del Panchir.

Ma i "preparativi" duravano ormai da un mese, sarebbe stato utile farsi un'idea sul "quando" sarebbe avvenuto l'attacco, dopotutto ci eravamo in mezzo.

Se Marco non è incappato in una sfilata di moda maschile, ma non è stagione in Panchir, gli scarponi sono un segnale, prendiamone nota.

"Prossimo contatto stasera."
"Va bene, e salutami Koko Jalil."

Koko Jalil è appena tornato, dopo una delle abituali sparizioni che lo rendono irreperibile per ore. Sappiamo che sta lavorando e non ce ne preoccupiamo, anche perché Jalil ha spesso conversazioni interessanti in giro per Kabul.

"Gino, i talebani hanno problemi molto grossi..." Mi racconta anche di aver incontrato il professor Abdulkharim, che è arrivato dal Pakistan da un paio di mesi, e anche lui la pensa così. E mi spiega che alcuni degli uffici importanti sono chiusi, e che vi si incontrano solo funzionari di basso livello. Aria di smobilitazione, insomma.

Non quadra molto con l'ostentazione di sicurezza di Stanekzai, né con l'impressione di pieno controllo della situazione fornita da Zaheed. Lo comunico a Koko Jalil e quasi si spazientisce: "Ma tu a chi credi?".

A Koko Jalil, al Signor Jalil, naturalmente.

Abdul Jalil, per l'anagrafe orale, tra i quarantacinque e i cinquant'anni, ma ora ci si è ufficialmente accordati per quarantotto. Stava quasi sicuramente facendosi i fatti propri nell'estate del 1999, gironzolando per il giardino, quando ci siamo presentati alla porta di casa sua a Saman Khor. Ci aveva fatto entrare, abbiamo preso il tè seduti sul muretto di terra a lato del pozzo, e mangiato l'uva della grande vite che ci riparava dal sole, chicchi piccoli dolcissimi e senza semi.

Gli avevamo chiesto di affittarci la sua casa, e se possibile anche quella accanto, di proprietà del fratello. Nessun problema.

Jalil aveva finito con il trovare lavoro nel badare alle proprie case, ora diventate anche le nostre case. "House manager" recitava pomposamente la tessera di identificazione che Emergency gli aveva fornito. In realtà Jalil, aiutato dal fratello Noor e dal genero Dastagir, faceva tutto quel che c'era da fare, comprese le pulizie.

E viveva con noi, osservando il tutto con grande intelligenza.

Un giorno, alla mia richiesta di non scordarsi la carne per il ragù, era sbottato: "Koko Jalil computer ast", Koko Jalil è un computer.

Era passato solo un mese da quando aveva visto, per la prima volta in vita sua, quella strana scatola dentro la quale molti di noi scrivevano, e già aveva concluso che serviva per memorizzare qualcosa che si doveva o voleva ricordare. E lui, il computer, non si sarebbe certo scordato del ragù.

La serie delle autoproclamazioni era poi proseguita con il "Koko Jalil engineer", quando eseguiva in modo fantasioso piccole riparazioni domestiche, e il "Koko Jalil manager" che organizzava i viaggi dell'asino su e giù da casa al fiume per rifornirci di acqua la mattina. Fino ad arrivare al "Koko Jalil helicopter" che riservava ai momenti speciali, quando doveva recapitare un messaggio urgente: allora partiva di corsa a braccia larghe, ancheggiando e muovendo il tronco e le braccia a mimare le pale rotanti dell'elicottero.

Era nato un mito, Jalil lo aveva capito. E ha giocato il suo ruolo.

Da allora gli è chiarissimo chi sia Jalil, contadino del Panchir, e chi invece Koko Jalil, il Signor Jalil, un mito, una specie di Batman afgano.

Persone diverse.

Jalil fuma, beve ogni volta che può, racconta balle, ogni tanto cerca anche di fare il furbo, come la volta in cui aveva tentato di inserire sua madre tra le vedove che Emergency si proponeva di assistere fornendo bestiame, senza considerare le condizioni economiche della signora, né i limiti di età.

Koko Jalil, invece, non sa neanche che cosa siano hashish e vodka, e parla sempre con lingua diritta. Irreprensibile, infaticabile, unico.

Il processo di sdoppiamento è andato così avanti che da molto tempo il mio amico, che ha chiaramente una propensione a essere sempre più Koko Jalil, parla di sé in terza persona: non dice "vado", dice "Koko Jalil va". Spero sia un fatto temporaneo, o un adattamento linguistico per comunicare con noi.

Anche perché è Jalil, non Koko Jalil, il vero mito. La sua storia percorre questa terra, perché è la storia di molti dei suoi abitanti.

Alla fine degli anni settanta, la sua famiglia si era spostata dal Panchir fin su nel Nord, per sottrarsi alla guerriglia tra i governativi e i mujaheddin.

Jalil lavorava al forno del pane a Kunduz. Dodici ore al giorno, per racimolare mezzo dollaro. Poi erano arrivati i russi, arroganti, intimidatori: "Sei un mujaheddin?".

"No, faccio il pane."

"Non è vero," e uno schiaffo.

"Man nan bui," io faccio il pane.

Quando Jalil aveva raccontato la storia al padre Abdulakim, che ne aveva sentite di simili da altri figli suoi e non, la decisione era stata immediata: "Fardo Panchir raftan, jihad mekunam", domani torniamo in Panchir e facciamo la guerra santa.

Jalil non era finito al fronte, dove invece era andato un fratello e ci era rimasto, ucciso nella guerra contro i russi.

Jalil aveva continuato a fare il pane, a Kabul. Ma la gente del Panchir era vista con sospetto, e alla fine a qualcuno era venuto lo stesso dubbio del soldato russo di Kunduz, che Jalil con i suoi nan croccanti e dalla forma ovale stesse in realtà lavorando per destabilizzare il governo afgano.

E Jalil era finito in galera, a Pul-i-Charki.

Senza un'accusa né un processo. "Ho preso tante botte, mangiato pochissimo e dormito a lungo," ricorda Jalil di quegli anni.

Una volta l'avevano tenuto per venticinque giorni in una cella buia di un metro per un metro. Quando racconta questa esperienza, gli occhi di Jalil cambiano espressione. Aveva incubi ricorrenti, appena si addormentava, cominciava a temere di non controllare più il cervello. Allora, quella volta, aveva chiesto il favore che non lo lasciassero più addormentare.

È uscito di prigione sette anni dopo.

Sette anni, finiti grazie a un giornalista che visitando il carcere si era imbattuto in lui e gli aveva chiesto: "Perché sei qui?".

"Non lo so," era stata la risposta.

Il giornalista aveva chiesto informazioni al direttore del carcere, che dopo un'accurata ricerca era andato su tutte le furie con Jalil, che risultava un clandestino. Il suo nome non figurava da nessuna parte, non aveva alcun diritto di essere lì. Fuori.

Era stato scarcerato e si era ritrovato, ancora una volta, con la guerra, continuata anche dopo che i russi se ne erano andati dall'Afganistan, sette mesi dopo, e lui era ritornato in Panchir.

Era la guerra contro il governo del dottor Najibullah, cui ne era seguita un'altra tra le fazioni di mujaheddin vittoriosi.

Poi erano arrivati i talebani. Un'altra guerra che gli aveva portato via anche il figlio Jamil, il primogenito, ucciso in un bombardamento. Un dolore così grande da spingere Jalil a combattere, per la prima volta.

"Sono venticinque anni, Gino, venticinque anni che ogni sera spero che la guerra finisca, domani."

Fardo: Inch'Allah, domani se dio lo vorrà.

Jalil, e anche Koko Jalil, vorrebbero una vita diversa, un po' di tranquillità, e magari qualche novità che non sia l'annuncio di un'altra tragedia. "Guarda," mi aveva detto una volta mentre seguivamo insieme in televisione un servizio sugli astronauti, "fuori di qui gli uomini girano intorno alla terra, e noi l'unica cosa che continuiamo a girare è questo stupido turbante."

Jalil vuole conoscere il mondo, ed è stanco di guerra.

Ma è a Kabul con noi, e siamo ancora in mezzo alla guerra.

Forse ha davvero ragione lui, i talebani hanno problemi: se Zaheed non è ancora riuscito a trovarci le guardie, ed è ormai sabato pomeriggio, ho l'impressione che non controlli affatto la situazione.

Mandiamo Najibullah The Diplomat in missione speciale al ministero degli Esteri, per chiedere spiegazioni. Inutile.

"Non ho trovato nessuno, e i guardiani non sanno nulla. Allora sono stato a casa di mister Zaheed, ma anche lì stessa storia: un vicino dice che potrebbe essere andato a Logar, il suo villaggio, a un paio d'ore da Kabul."

Splendido, il nostro interlocutore è via per il weekend.

Lasciamo l'ospedale, non c'è il solito posto di blocco dei talebani alla rotonda vicino a casa nostra, né si vedono teste calde in giro. Meglio.

"Dobbiamo aumentare il numero delle nostre guardie." Non potrebbero certo opporsi a un gruppo armato, ma è meglio sapere in anticipo se ci sono guai in vista.

"Tra l'altro," fa notare Fabrizio, "sono le nove e quaranta e c'è ancora elettricità."

È vero, non ci avevamo fatto caso. Da quando siamo arrivati a Kabul l'oscuramento è arrivato puntualmente, alle nove di sera. Strano, possibile che qualcuno si sia dimenticato di togliere la corrente?

"Stanno impacchettando, per questo c'è la luce," è il commento di Koko Jalil. Non so se preoccuparmi o esserne contento. Se Koko ha ragione, i giorni a venire non saranno tra i più tranquilli.

Ci sono alcune esplosioni in lontananza, ma non bisogna farci caso, in fondo siamo a Kabul. Stanotte non dovrebbero esserci problemi.

La domenica mattina non arrivano pazienti in ospedale, e questa è un'altra cosa strana.

"Il problema è che Radio Kabul è fuori uso, bombardata. È difficile far sapere alla popolazione che l'ospedale è di nuovo aperto. Bisogna fare conto sul passaparola," dice Waseem.

"E poi molta gente ha lasciato Kabul per la paura, e sta rintanata nei villaggi," aggiunge The Diplomat.

È possibile, visto che anche le autorità sono sparite. Di Zaheed e Stanekzai neanche l'ombra, davanti al ministero degli Esteri ci sono solo i due vecchi guardiani, anche oggi non si è visto nessuno.

In ospedale, Waseem ci viene incontro di corsa, c'è un messaggio: "Ha telefonato Zaheed. Le guardie possono essere qui domani mattina, tutte e dodici".

"Era ora."

"Ma chiede se possiamo garantire per loro, dovesse succedere qualcosa."

Kate mi guarda: "Oh, fantastic. Here we are", ci siamo.

Un messaggio più chiaro non poteva darcelo.

Se le autorità che si sono impegnate a procurarci guardie armate per garantire la nostra sicurezza ci chiedono se possiamo noi garantire la sicurezza delle guardie, ci sono pochi dubbi interpretativi.

Quanto poi al "qualcosa" che dovrebbe succedere, meglio non pensarci adesso.

La radio di Koko Jalil ha appena captato il notiziario della

Bbc in *farsi*: pesanti bombardamenti sulla prima linea talebana. I mujaheddin alle porte di Kabul.

E Rahmatullah, pastun e capo della sicurezza dell'ospedale, ha lasciato un messaggio: vado a casa, arrivederci. Casa sua è a due giorni di macchina, più lontana di Kandahar.

Kate ha capito subito: "We're on our own, don't we?", ce la dobbiamo sfangare da soli, vero?

"Yes."

21.
Una lunga notte

Lunedì 12 novembre, ore 16. Entrano in sei nell'ospedale, talebani e un paio di arabi, armati. Spintonano i nostri autisti, puntano i kalashnikov e si prendono un Land Cruiser.

Nessuno si muove, per fortuna. Autisti e guardie hanno rispettato le istruzioni: macchine con il pieno di benzina, chiavi inserite, sorriso pronto. Meglio non avere motivi di discussione, con chi punta i mitra. È meglio perdere l'intero parco macchine che rischiare la vita di qualcuno.

È un altro segnale. Stanno rastrellando macchine, si preparano alla fuga, se sarà necessario. A intervalli, si sentono raffiche isolate in diverse parti della città, non sembrano combattimenti.

Decidiamo di non muoverci dall'ospedale. Potrebbe essere molto pericoloso adesso girare in città. Si rischia di finire sparati solo perché si possiede un'automobile.

Il personale che dovrebbe essere qui per il turno di notte è già in ritardo di un'ora. Probabilmente nessuno verrà.

Riuniamo lo staff e decidiamo di mandare a casa tutti coloro che non sono indispensabili. "In qualche modo ci arrangeremo," assicura Kate.

Preferisco non pensarci, l'organizzazione dell'ospedale non è al momento in cima alla lista delle mie preoccupazioni. Alla fine restano con noi Koko Jalil, Afizullah, Waseem, Najibullah e Mohammed Asif, uno dei cleaner più giovani che Afizullah ha già spedito di corsa a comprare cibo.

Le sparatorie intorno sono più fitte, adesso, e ci sono colpi di katiuscia. Faccio un giro per l'ospedale con Koko Jalil. Dobbiamo decidere il luogo dove passare la notte.

Meglio scegliere un edificio sul retro dell'ospedale, nessuno passerà per quella viuzza dissestata; la strada sul davanti, invece, sembra molto frequentata, è già la terza colonna di carri armati che sentiamo sferragliare.

Ci vuole un locale con edifici attorno, a far da copertura, e senza tante finestre. Più mura ci sono e meglio è.

La scelta cade sul reparto di Pediatria, quello dedicato al grande e indimenticabile Marcello Bernardi, con le pareti che Vauro aveva disegnato con gioia nel mese di febbraio.

Beh, dopotutto non mi dispiace, se qualcosa andrà storto potrò sempre prendermela con Vauro, e accusare i suoi affreschi di portare sfiga. Però tengono compagnia.

Incominciamo con il disporre i letti, sempre ammesso che qualcuno riesca a dormire, e soprattutto gli scaldini – fa un gran freddo in quella corsia, non è mai stata riscaldata – e le lampade e le torce.

Bisogna fare in fretta, è già buio. Una forte esplosione scuote tutti i vetri dell'ospedale, qualcuno si rompe. "Rocket," dice Koko Jalil, è una parola che lui conosce bene, la sua specialità era tirare Rpg, razzi da mezzo metro che si sparano con un piccolo bazooka appoggiato alla spalla.

Nel corridoio della corsia dei bambini c'è un deposito, sul cui pavimento si trova una botola. Ne solleviamo il coperchio, non c'è scaletta per scendere, ma Mohammed Asif ci salta dentro, mettendo in fuga qualche scarafaggio. Poi si cala anche Koko Jalil.

"È grande, ci possono stare anche venti persone," dice Koko. E poi, rivolto a Mohammed: "Khub kar mekunat bacha", fai un buon lavoro, ragazzo, una bella ripulita, coperte, acqua, e la borsa del pronto soccorso. Speriamo di non averne bisogno.

Alle otto la città è completamente al buio, a tratti illuminata da bagliori lontani. I cancelli dell'ospedale sono chiusi, le guardie istruite ad aprire solo ai feriti, per il resto non devono aprire bocca. Non vogliamo segnalare la nostra presenza, non sappiamo chi passerà davanti all'ospedale nelle prossime ore.

E d'ora in poi silenzio radio. Waheed, il capo delle guardie, farà rapporto a voce, ogni mezzora.

Ci chiudiamo nella Pediatria.

"Sarà lunga fino a domani."

"E se mangiassimo qualcosa?" Tè, biscotti, nan, ma anche kebab e patate fritte, fredde e untuose.

Devo informare la sede di Milano, spiegare che cosa sta succedendo – come se io lo sapessi –, comunicare dove siamo esattamente, e dove ci rintaneremo se necessario.

Non è facile spiegare, quando non si è sicuri di aver capito, e non si è neanche sicuri di quello che si sta facendo.

Mi sono trovato a parlare con me stesso. Un déjà vu, e insieme una situazione nuova, imbarazzante. Che cosa fai qui? Come lo spieghi a Cecilia, a Teresa? Che cosa dici loro, per convincerle che è giusto che tu sia qui, per far credere che tutto ciò valga il loro rischio di non rivederti?

Mi ero fatto le stesse domande nel nord dell'Iraq, durante la guerra civile, quando decidemmo di restare a Suleimania che stava per essere conquistata dal "nemico", e prima ancora a Kabul, anni prima, nell'inferno che era seguito all'entrata dei mujaheddin. Ma allora ero troppo impegnato in sala operatoria, non c'era tempo per pensare. Sarà perché oggi non abbiamo ricevuto feriti e in questo momento non c'è lavoro, ma i dubbi sono più grandi, nove anni dopo.

Parlo con Teresa, devo dirle alcune cose private, e soprattutto ascoltare la sua voce. Poi bisognerà spegnere i telefoni satellitari, il loro segnale può attirare qualcuno dei "razzi intelligenti".

Ci sono esplosioni verso l'aeroporto, distante tre chilometri.

Esco dalla corsia, vorrei farmi un'idea di quel che sta succedendo, mi tengo attaccato al muro, Koko Jalil lì vicino con la torcia in mano, spenta. Appena mi sporgo oltre lo spigolo dell'edificio, sopra di noi si accende un faro: sarà passato un secondo, forse due. Mi ritraggo immediatamente.

Kate me l'aveva detto, ieri sera. Era seduta in giardino, al buio, per telefonare a suo padre: "Non appena ho acceso il satellitare portatile mi sono vista illuminata da un fascio, come il faro di un'automobile".

"Sono gli elicotteri Usa, credo li chiamino Cobra," ci spiega Afizullah, "calano la sera, ormai da molte settimane, e di notte sparano su tutto quello che si muove in Kabul."

Stanno in alto, silenziosi e invisibili. Ma loro vedono benissimo, puntamento rapido sul possibile bersaglio, poi il pilota decide se sparare oppure no.

Ci stendiamo sui letti, cercando gli angoli più riparati, e ascoltiamo il rumore della guerra, boati, raffiche ed esplosioni che sembrano prendersi gioco di noi e delle nostre paure, perché è il silenzio che fa salire l'angoscia, la maledetta attesa del botto che arriverà, forse.

Alle nove meno cinque l'ho sentito arrivare distintamente, come non mi era mai capitato. Forse perché lo aspettavo, dopo il frastuono di quindici minuti prima: questa non sembra una battaglia, stanno centrando bersagli uno dopo l'altro.

Ecco il fruscio del razzo, il sibilo, aumenta, si fa più acuto: "It's coming", sta arrivando, faccio a tempo a dire ad alta voce, tirandomi la coperta sopra la testa.

Il frastuono è secco, assordante.

Quel razzo è arrivato vicino, anche troppo.
Bisogna fare qualcosa. "Afizullah, fai accendere i fari a illuminare la bandiera di Emergency in cima alla torre dell'acqua."
Lo vedranno bene che è un ospedale, anzi dovrebbero già saperlo, e poi la torre è tra gli edifici più alti della zona.
"Ne sei sicuro?"
"Sì." E al diavolo gli editti di Amir ul Momineen, sotto tiro per il momento ci siamo noi.
"Esco un attimo, informo Milano."
"Stai riparato," raccomanda Afizullah, "ho visto alcuni fori di schegge metalliche nei muri, arrivano di rimbalzo, lì fuori ce n'è uno di dieci centimetri."
"Dove combattono?"
"Qualche centinaio di metri più in là, verso il ministero degli Esteri." Una decina di pick-up pieni di uomini armati passano via veloci davanti all'ospedale. Li osservo sbirciando da un cancello, le auto sono ricoperte di fango, non riesco a capire chi siano.

Meglio tornare dentro e tapparsi nella Pediatria. È quasi mezzanotte e non smettono di sparare, adesso sembrano scontri violenti.
Evidentemente i mujaheddin hanno lasciato la periferia di Kabul e alcuni gruppi stanno entrando in città per prendere posizione.
I nostri amici afgani sono rinchiusi in un piccolo locale, che era servito anche da moschea per la preghiera. Li raggiungo.
"Vuoi del tè verde?" mi propone Mohammed Asif.
Mentre siamo seduti in cerchio sul tappeto, osservo Najibullah e Waseem. Infermieri entrambi, io e Kate li avevamo conosciuti nel 1991 quando si lavorava tutti insieme all'ospedale della Croce rossa internazionale nel quartiere di Karte Seh.
Con loro avevamo condiviso i giorni terribili della presa di Kabul da parte dei mujaheddin. Waseem, che adesso ha la barba bianca e un lungo pizzetto che ricorda Kit Carson, stava in pronto soccorso.
"Kate, Gino. Voi qui?" avevano esclamato insieme, un pomeriggio di marzo del 2000, quando ci avevano sorpreso a gironzolare nel cortile di quell'ospedale che ancora ci riempie di ricordi.
Gli avevamo spiegato che eravamo a Kabul per stabilire un nuovo ospedale, che lavoravamo per una Ong italiana. E che avremmo avuto bisogno di una mano: avevano cominciato a lavorare con noi dal giorno dopo.
Così ora ci ritroviamo di nuovo insieme, nove anni più tardi, in una situazione molto simile: rintanati a Kabul, che sta per essere conquistata di nuovo.

Koko Jalil è impegnato in un lungo discorso con Afiz, di cui capisco solo l'intercalare "engineer saib", signor ingegnere.

"Facciamo un gioco: mettiamo un premio," propongo, "per chi si avvicina di più a indovinare quando i mujaheddin prenderanno Kabul."

Definite le regole, e il contenuto del premio, tutti partecipano al Totokabul. Afiz e Najibullah: "Tre giorni".

"Due," scommette Waseem.

"Io dico uno," proclama Mohammed Asif.

"Tre ore," è la perentoria conclusione di Koko Jalil, che prima di rispondere ha consultato l'orologio.

Les jeux sont faits.

Dovremmo cercare di riposare, domani sarà un'altra giornata pesante, in ogni caso.

Gli afgani dormiranno nella moschea, uno a turno farà la guardia all'esterno, nel porticato.

È straordinario il legame tra noi, che si sta rinsaldando ogni giorno. Najibullah e Waseem non hanno alcun motivo di essere qui stanotte, né ce l'hanno Afiz e Mohammed Asif. Avrebbero potuto andare a casa, sarebbe stato certo più sicuro per loro, o prendere la famiglia e rifugiarsi da qualche parente fuori Kabul, ad aspettare gli eventi.

E Koko Jalil, un panchiri, ex combattente antitalebano, che si trova a Kabul durante lo scontro decisivo? Anche lui sarebbe stato più sicuro, nella sua casa di Saman Khor.

Sono qui perché hanno deciso di proteggerci, rischiando in proprio.

"È necessario che adesso voi stranieri restiate nascosti," aveva ammonito Afiz, "se i talebani e gli arabi vengono sconfitti e scappano da Kabul, voi correte dei rischi. Potrebbero..."

"Lo so," mi ero affrettato a interromperlo per non sentirmi ripetere scenari possibili già immaginati, ma che avevo deciso di rimuovere.

Siamo venuti a Kabul per non lasciare soli gli afgani, pensavamo che la nostra presenza sarebbe servita ai nostri pazienti, al nostro staff, adesso è il nostro staff afgano a difenderci, a non lasciarci soli.

Qualcuno sta bussando al cancello chiuso. Non si sentono voci, bussano ancora, poi il silenzio. Koko Jalil bisbiglia: "Arabi, forse cercavano macchine. Nessuno ha risposto e se ne sono andati".

In Pediatria, Alberto e Fabrizio stanno guardando il soffitto sdraiati sul letto, vestiti; Kate sta rannicchiata sotto una mon-

tagna di coperte da cui filtra la luce di una torcia, forse sta leggendo.
"Come va?"
"Eehh." È la prima emissione sonora di Alberto, nelle ultime ore.
"Sapete, proporrei una cosa, tanto questi vanno avanti a menarsi a oltranza. Mettiamola così: è un temporale, uno di quelli brutti, ma noi siamo al riparo. Ci infiliamo fiocchi di cotone nelle orecchie, poi infiliamo noi stessi sotto le coperte, e ci mettiamo a dormire."
La proposta, anche se con qualche sarcasmo, viene accettata. Vi sono raffiche ed esplosioni in direzione di Pul-i-Charki.
"Scusa Fabrizio, ma tu vai a letto con gli scarponi?"
"Beh, se c'è da scappare veloce... Hai visto cosa ci si mette, a far passare le stringhe per tutti questi fori." E racconta di una fuga resa impossibile dall'essere a piedi nudi, e dell'angoscia di non riuscire a scappare. Un sogno.
O forse una favola, non so, ormai le parole si fanno più lontane, sono deciso a dormire, alla faccia dello squalo dai denti aguzzi disegnato da Vauro che mi guarda minaccioso dalla parete di fronte al mio letto.

22.

Il giorno dopo

L'intervento chirurgico è finito, sono le otto del mattino del 13 novembre. Gafur non riesce a respirare da solo, non reagisce agli stimoli. Lo trasportiamo in terapia intensiva.

È arrivato qualcuno della famiglia, glielo lasciamo vedere per qualche minuto, una donna piange coprendosi il volto con un velo nero.

Gafur ha quattro figli, e muore alle nove e trenta.

Ritorno in pronto soccorso, Koko Jalil mi corre incontro e mi abbraccia con un sorriso luminoso chiamandomi fratello.

Non indago sulle ragioni dell'esultanza: gioia perché il 13 novembre a Kabul è una giornata di sole e in questo momento non stanno piovendo razzi, soddisfazione per la vittoria dei mujaheddin, o per aver vinto il Totokabul.

"Hai visto, che cosa aveva detto Koko Jalil?" ci risiamo, ha ripreso a parlare di sé in terza persona. "Prenderanno Kabul fra tre ore, Koko Jalil ha sbagliato di un'ora, forse."

"Bisior khub," splendido, Koko Jalil.

"E il premio?"

Arriva trafelato Jama, uno degli amministratori dell'ospedale. La faccia appuntita, il pizzetto aguzzo, i capelli un po' pazzi e gli incredibili vestiti anni trenta me l'hanno sempre reso simpatico. Peccato che io dimentichi sempre di portargli dall'Italia l'album di "Tex Willer" in cui il ranger lotta contro il figlio di Mefisto, Yama per l'appunto.

A parte la differenza nello spelling, Jama e Yama sono pressoché identici. Devo assolutamente regalargli quell'album, così smetterà di sorprendersi ogni volta che mi viene da ridere mentre lo guardo.

Jama è preoccupato, chiede aiuto, la sua casa è semidistrutta. Con la famiglia, abita in una via appena dietro l'ospedale.
"Verso le nove ieri sera è successo il finimondo a casa mia," dice concitato. "Rocket," conferma Koko Jalil, un razzo.
"C'era una macchina parcheggiata davanti alla casa dei vicini, forse miravano a quella. La mia non ha più il portone e un pezzo del muro davanti, ma le due case a sinistra sono completamente distrutte. Due famiglie, molti morti."
Jama ha passato il resto della notte ad accudire gli anziani genitori spaventati, nella casa devastata.
"Dottor Gino, a mezzanotte ho creduto di essere impazzito: sentivo parlare russo giù in giardino. Ho pensato: americani, adesso russi, ma chi diavolo sta arrivando qui?"
Uscito a dare un'occhiata, si era trovato davanti sei ceceni che cercavano di rubargli la macchina. L'ineffabile Jama, forse usando anche qualche potere magico, aveva spiegato loro che la vecchia Lada funzionava male già prima, e che dopo il razzo di ieri sera, che ne aveva rimpicciolito il cofano non di poco, proprio non c'era verso di farla partire, ma se volevano provarci...
Do una pacca sulla spalla a Jama e gli procuro qualche tranquillante per i genitori.
"Good morning, doctor," ecco Kate, la incontro solo adesso, dalla notte scorsa.
Ci stringiamo forte le mani, e a lungo.
"Dove diavolo sarà, la prossima volta?" è la traduzione un po' addomesticata dell'espressione di Kate. Che non è una domanda, vuol dire solo "anche questa è andata".

Il largo viale che costeggia il parco vicino all'ospedale è pieno di cadaveri. Stanno riversi nei canali di scolo ai lati della strada, potrebbero sembrare mucchi di stracci, non fosse per una mano che spunta a dita aperte e per le larghe chiazze di sangue sull'asfalto.
Una decina di camion di mujaheddin in festa passano via veloci, preceduti dai pick-up con le mitragliatrici sul tetto.
Ci sono cadaveri anche nel parco, le facce coperte di terra e polvere, c'è chi si ferma a prenderli a calci e a sputi.
Jalil sorprende alcuni ragazzi mentre tirano sassi a due morti accasciati ai piedi di un albero: scende dalla macchina, li fa smettere con tono minaccioso. Poi parla con loro, insieme sollevano i cadaveri e li trasportano a lato della strada. Jalil stende i due corpi l'uno a fianco dell'altro, li avvolge in una coperta presa dalla jeep e l'annoda con un pezzo di corda. L'autista li porterà da qualche parte, per seppellirli.
Jalil dà qualche soldo ai ragazzi: "Tornate a casa, siamo musulmani, non bestie feroci".

A intervalli si sentono raffiche di mitragliatrice e colpi di mortaio in diversi punti della città, ma ormai non c'è dubbio: l'Alleanza del Nord ha il pieno controllo di Kabul.

Il muezzin sta invitando i fedeli alla preghiera della sera, quando ritorno in ospedale. Una donna con un proiettile in pancia è appena arrivata in pronto soccorso.

L'intervento dura poco più di un'ora, fortunatamente il proiettile, dopo aver perforato l'intestino, è finito nei muscoli della schiena senza toccare la colonna e il midollo spinale.

Guido lentamente al rientro, sono le undici, la città è al buio. Giro intorno alla rotonda vicino casa, e ho un soprassalto: un urlo, due figure in movimento, un kalashnikov puntato a venti centimetri dalla mia testa. Scendo lentamente, sono mujaheddin avvolti nei patou neri, senza torce sono del tutto invisibili. L'equivoco è presto chiarito, mi riconoscono, ma a me stanno tremando le gambe.

Il mattino dopo tre Uaz con le nostre bandiere entrano nell'ospedale, sono le nostre jeep che arrivano dal Panchir. Ci sono Matteo e Marco.

Ci abbracciamo scambiandoci salamelecchi in *farsi*.

Marco è molto sollevato nel vederci: "Mi avete fatto invecchiare di dieci anni".

"Noi?"

"L'altra notte ero in sala operatoria."

"Tanto per cambiare," dice Kate.

"Beh, da quando voi siete partiti dal Panchir, i feriti sono arrivati a decine, ogni giorno. E lunedì è stato un disastro. Ma a parte questo, il fatto è che la presa di Kabul me la sono sentita in radiocronaca diretta. Tutto lo staff della sala stava ad ascoltare, e a tradurmi in tempo reale: i mujaheddin sono a Qarabach, hanno preso Mirbachakhot, sono già a Pul-i-Charki, sono entrati, sono a Khairkhana, combattono dentro Kabul. E io ogni volta a pensare a voi qui in ospedale."

"Io invece in terapia intensiva ho imposto di spegnere le radioline," dice Matteo.

"Com'è andato il viaggio?"

"Nessun problema, due ore e mezza dal Panchir a Kabul."

Kate tira un sospiro profondo.

"E Alberto e Fabrizio?"

"Stanno bene, sono in giro."

Alle undici c'è trambusto in ospedale, fuori dall'amministrazione: "Qanouni è qui".

Hanno spalancato il cancello per far entrare la sua auto, ma lui ha voluto scendere, mi viene incontro nel cortile dell'ospedale, ci abbracciamo. Intorno, a parte i funzionari del ministero dell'Interno, ci sono fotografi e giornalisti.

Stavano facendo la posta a Qanouni al ministero, per le prime dichiarazioni dopo la presa di Kabul, e lui se ne era andato all'improvviso. Lo avevano seguito ed erano sgusciati all'interno dell'ospedale, senza neanche chiedere permesso.

Kate sta sbraitando con Waheed, il capo delle guardie, perché prenda il controllo della situazione e faccia allontanare la stampa.

"Tutto bene?" chiede Qanouni con un sorriso.

"Tutto bene."

"Sono arrabbiato con voi."

"E perché mai?"

"Perché siete arrivati a Kabul prima di noi," e scoppia a ridere.

Waheed sta accompagnando al cancello un fotografo, tenendolo per un braccio: quello si risente, lo insulta e gli sputa anche addosso. Waheed non si scompone, una breve e sonora schiarita di voce, e ricambia lo sputo, con gli interessi.

Qanouni non si è accorto di nulla, sta salutando i pazienti della prima corsia, ma Koko Jalil, presente alla scena, è appoggiato a un pilastro e si contorce dalle risate nel vedere la collega del malcapitato usare lo scialle per ripulirgli la faccia e il petto. A un afgano non si sputa addosso, non gratis, in ogni caso.

Prendiamo il tè con Qanouni nell'ufficio di Kate e discutiamo della sicurezza in città. Il ministero dell'Interno ha già provveduto a mettere guardie armate fuori dai cancelli dell'ospedale, e due mujaheddin sorveglieranno anche le nostre case.

"Come possiamo fare per circolare in città la sera, dopo il coprifuoco? Ci chiamano in ospedale quasi tutte le notti." Mi ritorna in mente la rotonda di Charikar vicino a casa di Qanouni, quasi tre anni prima: "La parola della notte", aveva intimato un mujaheddin, mitra puntato.

"Vi farò avere un permesso speciale, oggi stesso."

Un taxi arriva veloce in ospedale, i sedili posteriori sono stati tolti. Safiullah è disteso, accanto a lui, accovacciato nel bagagliaio della macchina, il padre Azizullah.

"Stava giocando coi suoi compagni, hanno visto un oggetto giallo, il bambino gli ha dato un calcio," racconta Azizullah.

"Potrebbe essere una cluster bomb," dice Marco.

"È possibile."

Le cluster bomb sono state lanciate in abbondanza dagli aerei americani soprattutto sui villaggi vicino al fronte. La bomba si apre a poca distanza dal suolo: ne fuoriescono circa duecento cilindri delle dimensioni di un piccolo thermos, con in cima un soffietto di tela bianca a fare da paracadute.

Il venti, forse il trenta per cento delle bombe non esplodono al contatto col terreno, e da quel momento in poi si comportano come una mina antiuomo.

Restano lì, ad aspettare che un gruppo di bambini ci passi accanto – come non notare un cilindro giallo, dello stesso colore dei tanto propagandati "sacchetti gialli" di aiuti piovuti dal cielo? – e incuriositi decidano di saperne di più, dell'ultimo gadget della civiltà, magari incominciando a tastarlo con un piede.

Così deve avere fatto Safiullah, sei anni.

Lo scaricano dalla macchina avvolto in una coperta marrone intrisa di sangue. Safiullah è in condizioni drammatiche, la gamba e la coscia destra sembrano non esserci più: sangue coagulato, pezzi di vestiti bruciati, brandelli di muscoli ovunque.

Sei anni.

Marco corre a prepararsi in sala operatoria, bisogna fare in fretta o morirà dissanguato. Lo raggiungo dopo un quarto d'ora, ha già iniziato l'intervento. Chiedo se gli serve una mano, sperando mi risponda di no.

"Non ti preoccupare." Deve aver capito che la fatica e la tensione dei giorni scorsi si sono fatte pesanti. È che per me, in quel momento, sarebbe stata una pena troppo grande cercare di salvare qualche pezzo di bambino.

Mi trovo a maledire la guerra, a maledire tutti quelli disposti a uccidere e tutti quelli che danno l'ordine di uccidere.

"In anestesia generale, disarticolazione dell'anca a destra. Débridement di ampie ferite alla coscia e gamba sinistra, avambraccio destro, avambraccio sinistro." Nello stanzino del blocco operatorio, Marco registra l'intervento chirurgico nella cartella clinica di Safiullah.

Torno in sala. Il bambino è ancora sul tavolo, Muftakhar, l'anestesista, lo sta ventilando.

Sembra una mummia, il corpo avvolto da garze e bende.

È grottesca quella cosa bianca, che occupa un terzo del tavolo operatorio, potrebbe essere un sacco della biancheria anziché quel che resta di un bambino.

"Come va?"

"Ha avuto un arresto cardiaco, ma l'abbiamo massaggiato ed è ripartito subito."

"E adesso?"

"Vieni a vedere le pupille," mi dice Muftakhar.

"Da quanto tempo sono così?"

"Molto."

"Continua."

Ma non si può andare avanti, non ha senso, stiamo cercando solo di chiudere gli occhi in faccia alla realtà, vorremmo che non morisse, ma non possiamo fare niente per evitarlo.

Passano dieci minuti, Muftakhar lo sta ancora ventilando, mi appoggio al tavolo operatorio. Controlla le pupille, mi guarda e scuote il capo. Fumata nera. Marco rientra in sala, dà un'occhiata al bambino. Anche lui mi guarda e scuote la testa, capisco.

Ritorno nello studiolo. "Ore 17.03 – Dopo arresto cardiorespiratorio e immediata ripresa dell'attività cardiaca tramite massaggio esterno, pupille fisse, dilatate, riflesso corneale assente bilateralmente. Si interrompono le manovre rianimatorie," scrivo nella cartella clinica di Safiullah.

Esco dalla sala operatoria, faccio fatica a parlare di Safiullah, e a scriverne.

23.
Un combattente ferito

Il Land Cruiser di Kate e Waseem entra nell'ospedale che è già pomeriggio, e loro hanno la faccia stanca: "Dobbiamo ricominciare daccapo, ovviamente, la registrazione dei prigionieri è tutta da rifare".

Ne eravamo certi: quando una città, o addirittura un paese, cambiano di mano, c'è anche il cambio dei prigionieri. Quasi tutti i detenuti politici o supposti tali lasciano le carceri, e una nuova ondata di disgraziati occupa il loro posto.

Registrare i prigionieri non era stata solo una necessità per poter avviare il programma di ambulatori nelle prigioni – con visite mediche almeno una volta a settimana. Avere i dati di tutti i prigionieri era servito per curarli meglio, ma anche per prevenire.

Un prigioniero registrato non può sparire inosservato, e anche maltrattamenti e torture diventano più difficili.

Ora i dati pazientemente raccolti in un anno di lavoro sono quasi del tutto inutili: i prigionieri, almeno a Kabul, non saranno più gli stessi, il nostro programma va rivisto.

Avevamo cominciato a occuparci di prigionieri quasi per caso, il giorno in cui Kassim, l'autista di una delle nostre ambulanze, era arrivato nell'ospedale ad Anabah a velocità sostenuta, trasportando Hajab Gul.

Hajab era morente. Quasi incosciente, la pelle grigiastra e sudata, fredda, respirava rapido, superficiale, muovendo vistosamente le narici. La gamba destra, tenuta diritta da una stecca metallica, era avvolta in bende elastiche fino alla natica.

Il ferito era steso sul pavimento dell'ambulanza: il materasso e soprattutto il cuscino di cotone su cui poggiava la gamba erano rosso vivo e il sangue continuava a colare dalle bende intrise.

Hajab era stato rianimato per più di mezzora nel nostro pronto soccorso di Anabah, prima di entrare in sala operatoria. Sarebbe servito molto sangue.

Ci sono strane credenze sulla donazione di sangue, nel mondo musulmano, molta gente pensa davvero che dare il sangue faccia ammalare, se non peggio.

Ottenere un'unità di sangue dalla famiglia che porta un ferito non è cosa sempre agevole. E sono sempre guai grossi quando il ferito ha disperato bisogno di sangue, e arriva da solo. Come Hajab.

È allora, di solito, che ci si guarda in faccia: "Tu di che gruppo sei?".

"Io ho donato un mese fa, troppo presto."

Nel caso di Hajab Gul non era stato necessario. Kate aveva lanciato l'appello in ospedale – un ferito gravissimo, serve sangue subito – e c'era stata una gara di solidarietà tra il personale.

Aref, il tecnico di laboratorio, aveva saltellato felice, misurando la pressione ai nuovi donatori, inserendo aghi in vena, registrando i nuovi flaconi, e distribuendo biscotti e succo di frutta al termine del prelievo. Era stupito da tanta abbondanza, non gli era capitato spesso di raccattare undici flaconi di sangue in un paio d'ore.

Per salvare un nemico, oltretutto.

Hajab era un combattente talebano. Colpito da un proiettile di mitragliatrice durante i violenti scontri sul fronte vicino a Bagram, era caduto a terra con una coscia spezzata.

I mujaheddin erano avanzati di un po', e uno di loro se lo era trovato lì davanti, gravemente ferito.

Era stato quel mujaheddin a salvarlo. Aveva chiamato aiuto, lo avevano caricato sul retro del loro pick-up con la mitraglia sul tetto, e portato fino a Charikar, al pronto soccorso di Emergency.

Il femore di Hajab, nella sua parte superiore, era un disastro: il proiettile ad alta velocità aveva fatto esplodere l'osso, e i vasi sanguigni erano stati recisi e sanguinavano copiosamente.

"Stamattina l'emoglobina è 6,5," aveva detto l'infermiere della terapia intensiva, il giorno dopo, quando il paziente era tornato cosciente, dopo il lungo intervento chirurgico, e aveva assunto di nuovo sembianze umane.

"Trasfondete ancora due flaconi e ricontrolliamola nel pomeriggio."

Così, a poco a poco, Hajab ce l'aveva fatta. E noi ci eravamo trovati con un talebano ferito nell'ospedale del Panchir.

"Adesso lo curiamo, e poi?"

"Vedremo. Per il momento informiamo l'Alleanza del Nord,

ma lo sapranno già che il paziente è qui da noi. Con quella frattura starà qui mesi, avremo tempo di pensare al dopo."

Erano passati solo due giorni, prima che Kate facesse una scoperta che avrebbe pesato sulla vita di Hajab Gul, e non solo.

"Vuoi sentirne una bella? Habibullah ha un fratello a Pul-i-Charki."

"E chi è Habibullah?"

"È il mujaheddin che ha portato Hajab al nostro pronto soccorso."

"Ah."

"Sai cosa pensavo? Potremmo proporre all'Alleanza del Nord di scambiare Hajab, una volta guarito, con il fratello di Habibullah."

"Forse."

"Se lo meriterebbe."

Ci avevamo ragionato. Un simile scambio – un prigioniero ferito rilasciato in cambio del fratello di chi lo aveva risparmiato – avrebbe potuto diventare un messaggio importante, una volta risaputo. Soccorrere il nemico ferito, avviarlo verso un ospedale anziché dargli il "colpo di grazia" – che espressione orribile per definire l'assassinio di un uomo – avrebbe potuto essere incentivato dall'aver visto che ne era uscito qualcosa di buono, una vita umana salvata, e due persone che magari decidono di cominciare una vita diversa. Così Kate aveva allacciato i primi, discreti contatti, per sondare gli umori. In Panchir e a Kabul.

E avevamo scoperto un mondo che in gran parte ignoravamo, quello dei prigionieri. Un mondo di miseria e di crimine, di odio e di violenza, ma anche di prevaricazione, di umiliazione.

E di sofferenza.

Avevamo deciso di occuparcene, prigionieri o no ci trovavamo di fronte a esseri umani, ai quali garantire anche il diritto di essere curati, quando feriti o ammalati.

Così agli ambulatori aperti nelle carceri avevamo aggiunto anche alcuni interventi di igiene di base, mentre le trattative per lo scambio procedevano lente, a tratti estenuanti.

Lo sono sempre, quando si deve mettere d'accordo due parti che si stanno sparando da anni: ciascuno vuole fare il furbo, e guadagnarci qualcosa, a scapito del "nemico".

Un pomeriggio, a Kabul, Kate era andata, da sola, a una riunione "con un commander talebano per la questione del prigioniero".

Era rientrata solo alle nove, suscitando le mie ire, e non mi aveva certo calmato sapere che la ragione del ritardo – a Kabul allora c'era il coprifuoco alle nove e mezza – era che il meeting era avvenuto quindici chilometri fuori città, a un distributore di benzina abbandonato.

Però aveva dato i suoi frutti, e qualche tempo dopo Hajab aveva passato la linea del fronte, ancora ingessato e disteso su una barella trasportata da quattro delle nostre guardie.

Kate aveva fatto lunghe scarpinate avanti e indietro, per i due chilometri che separavano mujaheddin e talebani, venuti a scortare per l'ultima volta il loro prigioniero e a ricevere il commilitone liberato.

Bisognava che tutto filasse liscio, e ci era voluta un'ora per convincere i talebani che non potevano scortare il prigioniero fino al punto di incontro armati di razzi e di mitra.

Mentre lo portavano attraverso la terra di nessuno vicino a Kapisa, Hajab aveva incontrato il fratello di Habibullah, depresso e malnutrito, che camminava in senso inverso al fianco di Kate.

Si erano salutati. Poi via di fretta, ciascuno verso il proprio destino.

Quella sera a Kabul avevamo brindato con la vodka: al primo scambio di prigionieri di Emergency.

Ne erano seguiti altri.

Ogni volta che un ferito aveva la galera afgana come prospettiva futura, Kate esplorava i modi possibili per evitarlo.

Si era formata così una lista d'attesa di mujaheddin detenuti a Pul-i-Charki per essere scambiati coi talebani prelevati dalla prigione dell'Alleanza del Nord a Barak, o con quelli che erano capitati nel nostro ospedale.

I prigionieri-pazienti scambiati e liberati avevano "cantato". Probabilmente avevano raccontato ad amici e parenti, e di sicuro ai propri comandanti, di essere stati aiutati dal nostro personale, e trattati con dignità e rispetto.

Erano stati ottimi ambasciatori, come lo sono di solito i nostri pazienti, e ciò non aveva fatto altro che moltiplicare le richieste che Emergency intervenisse nelle prigioni.

Avevamo aumentato le cliniche e la frequenza delle visite, ci eravamo occupati anche delle condizioni igieniche nelle carceri, di tenere informate le famiglie.

Poi, per un mese intero, avevamo portato una delegazione di talebani in Panchir per visitare tutti i loro prigionieri. La delegazione si muoveva solo a bordo di nostre macchine ufficiali, la loro sicurezza garantita dalla presenza, ogni volta, dello staff internazionale di Emergency durante le visite.

Negli stessi giorni in cui Kate scortava i talebani in Panchir, Yassin, chirurgo curdo iracheno, accompagnava un'altra delegazione, in questo caso di mujaheddin, a visitare i loro prigionieri rinchiusi a Kabul e a Kandahar.

Così tutti avevano potuto vedere la situazione dei propri bacha catturati dal nemico, e insieme si era potuto fare un piano su come migliorarla.

Oggi, con i tagiki dell'Alleanza del Nord da qualche giorno al potere a Kabul, Pul-i-Charki si è svuotata, per il momento.

Ci saranno presto nuovi arrivi.

Occorre ricominciare daccapo, e aprire un nuovo file "Prisoners", prigionieri.

E da oggi sarà ancora più difficile che nei mesi scorsi.

Prima, per vedere soddisfatto un qualche diritto umano dei detenuti, si poteva negoziare. Allora c'era "l'altra parte", che aveva a sua volta prigionieri: nel caso una delle autorità coinvolte avesse rifiutato una richiesta sensata, l'altra avrebbe reagito automaticamente, una sorta di rappresaglia incrociata tra disperati, che però funzionava anche come deterrente. Col risultato finale che riuscivamo spesso, in un modo o nell'altro, a raggiungere lo scopo di rispondere ai bisogni dei prigionieri.

Adesso non c'è più contrattazione possibile, non c'è più deterrente, né spinta a migliorare le cose. Adesso i prigionieri sono davvero più soli, in balia totale dei vincitori.

Adesso il rispetto dei loro diritti dipenderà solo da quanto i secondini vorranno rispettarli, non c'è più il cugino del secondino in galera dall'altra parte, e "se soffro io qua la stessa cosa gli succederà là".

Adesso anche il nostro lavoro sarà diverso. Potremo chiedere, ma non avremo nulla da offrire in cambio, potremo proporre ma senza avere nulla con cui negoziare. Potremo anche protestare, se ci saranno abusi e violenze.

Ma potrebbe pesare molto, se fosse vissuto solo come "una protesta". Potrebbe venire interpretato come un nostro "essere contro" il governo attuale, e allora potrebbero scattare meccanismi analoghi a quelli visti all'opera in Italia: chi critica gli Usa è filo-Osama, chi critica il nuovo governo afgano è filotalebano.

Chi si occuperà di quei ragazzi, perlopiù illetterati, semplici burattini reclutati dai talebani nei campi profughi pakistani e spediti a "combattere in Afganistan per far finire la guerra civile"?

Strana espressione, tra l'altro: la guerra per far finire la guerra. Ma totalmente priva di senso, perché la guerra non farà mai finire alcuna guerra, nel migliore dei casi sarà stata una guerra in più.

Ci saranno pakistani e sauditi, egiziani e sudanesi e quant'altri, ciascuno con la sua storia: arrivati in Afganistan per desperazione, per la paga del soldato, o per rabbia, per farla finita con l'oppressione, o semplicemente perché qualcuno glielo ha ordinato.

Anni di trincea, di vita squallida, di brutture e di atrocità viste o commesse. Poi la disfatta militare, la cattura, il carcere.

Sarà importante occuparsi di loro, cominciare il prima possibile a registrarli e a visitarli. E assicurare che i loro diritti umani siano rispettati.

Abbiamo rivisto Hajab a Kabul, è passato a salutarci in ospedale. Cammina in modo un po' goffo, ma ha portato a casa la pelle, e la gamba. Vedremo, magari si può pensare a un altro intervento chirurgico sul femore colpito.

Ci ha detto di aver incontrato Habibullah, qualche giorno fa, in divisa militare, e di avergli stretto la mano, ringraziandolo.

24.

Il circo

Non è passato molto tempo dalla presa di Kabul, i bombardieri che volano alto non ci fanno più paura, adesso non sganceranno bombe sulla capitale, la guerra si è spostata al Sud, verso Kandahar.

Kabul è una città diversa, giornalisti di tutto il mondo, osservatori, troupe televisive, organizzazioni varie, diplomatici e sedicenti tali.

Sono tornate le agenzie dell'Onu, la Croce rossa internazionale e le organizzazioni non governative, le Ong. Sono tornate tutte, anzi ce ne sono molte di più adesso, si moltiplicano sigle e bandiere finora sconosciute in Afganistan.

Una di loro, con molto tatto, offre cinquemila dollari al mese di affitto per una delle case che abitiamo da anni a Kabul, per la quale ne paghiamo trecento.

Mi rendo conto che siamo poco competitivi, infatti finiamo sfrattati e dobbiamo stringerci nelle altre case.

Non siamo stati vittime di un complotto. È la regola. Molte Ong sono piene di soldi e pronte a pagare – come i grandi network televisivi, del resto – e gli affitti a Kabul in un mese sono aumentati mediamente di dieci volte, e già non erano noccioline.

È aumentato anche l'inquinamento. Centinaia di jeep nuove fiammanti fanno la spola tra i ministeri.

L'aeroporto è ancora più trafficato del bazar, aerei ed elicotteri in continuazione, che volano così bassi da far tremare i vetri. Prima, gli aerei non avevano mai volato sopra la città.

Anche gli aerei delle Nazioni unite sono cambiati. Sono almeno cinque adesso, ma aumenteranno presto, e sono più grandi. E poi hanno cambiato nome.

Non c'è più la Un Flight Operations, l'ufficio operazioni di volo delle Nazioni unite. Adesso si chiama Unhas, United Nations Humanitarian Air Services, il Servizio aereo umanitario delle Nazioni unite. Per soli seicento dollari – il prezzo è stato più volte ribassato, per qualche tempo era stato sopra i duemila – il Servizio aereo umanitario trasporta, solo andata, da Kabul a Islamabad o viceversa, una tratta simile a Milano-Firenze.

Bagaglio eccedente i venti kg? Cinquemila lire al chilo, e viene pesata anche la borsetta o il libro che si sta leggendo.

A bordo servono un bicchiere d'acqua, non si dimentichi che è un volo umanitario, mica una First Class.

Dimenticavo un dettaglio: pagano il biglietto anche tutte le organizzazioni umanitarie, noi inclusi. Non c'è da scandalizzarsi, dice qualcuno, è parte del sistema.

Il sistema sostanzialmente funziona così.

Le Nazioni unite dicono alle Ong che lavorano in Afganistan: non state a darvi da fare singolarmente per trovare i fondi necessari ai vostri progetti. Consegnate a noi i vostri progetti, con il budget necessario, noi li mettiamo tutti insieme – così si giustifica l'esistenza di Unocha, l'agenzia Onu per il coordinamento degli aiuti – e poi lanciamo un appello, lo *An Appeal for Afganistan*, uno all'anno, per chiedere tutti i soldi necessari ai progetti vostri e anche nostri. Una volta ricevuti i soldi, li distribuiremo in base ai progetti presentati.

È così che molte organizzazioni non governative si ritrovano a dipendere economicamente dalle Nazioni unite. Se per una ragione qualsiasi l'Onu non intende finanziare un progetto, non c'è molto da discutere: il progetto non si fa.

Strano che molte organizzazioni non vedano in ciò una trappola mortale per la propria autonomia e identità, e per la propria neutralità, per chi ritiene di doverla avere.

Che senso ha essere un'organizzazione non governativa se poi ci si mette nelle condizioni di dipendere finanziariamente da un governo, o dalle Nazioni unite, che sono un'istituzione politica, non un'organizzazione umanitaria?

Oltre al danno, poi, la beffa, visto che le Nazioni unite negli anni passati non hanno mai raccolto neppure la metà dei soldi richiesti nei vari appelli, e hanno ben noti problemi di bilancio.

Così una mano la può dare anche il nuovo servizio aereo "umanitario", forse la più costosa linea aerea al mondo: dà lavoro a qualche funzionario Onu in più e, vendendo i biglietti, recupera un po' dei soldi stanziati a favore delle Ong, che a loro volta li registreranno alla voce "trasporti" nei bilanci dei vari progetti. Così si chiude il cerchio.

E infatti è arrivata la manna dal cielo. Gli aiuti.

Non quelli fasulli e vergognosi del mese di ottobre, gli aiuti americani: sacchettini gialli contenenti viveri – pochi – paracadutati solo nei territori "amici", un'area fra le più minate al mondo. Così, se qualcuno prova a recuperare quei due biscotti e quel poco di latte in polvere, ha più probabilità di saltare su una mina che di togliersi la fame.

Che civiltà! Se i biscotti non erano solo un gadget pubblicitario, se in Afganistan c'era davvero il problema di sfamare la popolazione, non avevano fame allo stesso modo anche le famiglie dall'altra parte del fronte?

Tra le giustificazioni – secondo alcuni, le scuse secondo altri – dell'invasione della Somalia da parte dei marine, non c'era forse il dovere di garantire a tutta la popolazione quegli aiuti umanitari che qualche signore della guerra somalo voleva finissero da una parte sola?

"*S'è revultà el mund*," il mondo è finito sottosopra, avrebbe detto mia madre.

Ora invece sono arrivati i dollari, e tanti, almeno a Kabul.

Molti paesi "civili" oggi fanno a gara nell'elargire fondi per la ricostruzione di un paese che hanno ignorato per lunghi anni, quando non hanno contribuito a distruggerlo. I soldi della guerra, con cui si pagano anche debiti di riconoscenza, e che possono perfino rappresentare un investimento, opportunamente piazzati.

Sono aumentati i prezzi. Atiq, che prima per cento dollari al mese – un buono stipendio rispetto al reddito medio degli afgani – insegnava inglese allo staff del nostro ospedale, ora ne chiede cinquanta, alla guida del taxi dello zio, per i tre chilometri che separano l'aeroporto dalla città.

Per amore del vero, sono anche aumentati i salari. Almeno per quelle centinaia di persone che, in gran parte a Kabul, lavorano per le Ong.

Apprendiamo che le Ong finanziate da Echo, l'Ufficio umanitario della Commissione europea, pagano guardie e autisti più di quanto noi paghiamo il chirurgo più anziano.

Così dopo essere stati sfrattati, dobbiamo rassegnarci anche a vedere andare via alcuni tra gli infermieri migliori, che preferiscono stare seduti davanti a un gabbiotto, ad aprire il cancello alle berline delle Nazioni unite.

O forse non lo preferiscono, ma lavorano molto meno e guadagnano il triplo. Aveva proprio ragione la mia mamma, ma d'altra parte questi sono i tempi delle vacche grasse. Sicuramente non durerà.

Adesso ci sono i soldi della guerra.
Quella che promette aiuti.
È diventata buona la guerra, umana, generosa, compassionevole, umanitaria? No, ma deve farlo credere.
È fondamentale creare consenso alla guerra, far vedere che belle cose produce.
Ci avevano già provato in Kosovo.
L'idea della "guerra umanitaria" si è formata sostanzialmente in quell'occasione: quando si decide di bombardare, di ammazzare, conviene garantire che dopo arriveranno gli aiuti. Certo si tratta di molto danaro, ma in fondo costa quanto un giorno o due di guerra, è un costo aggiuntivo che vale la spesa: è pubblicità, è comunicazione.
E il mondo "umanitario", in buona misura, è stato al gioco.
In Afganistan l'operazione è stata ripetuta, questa volta in modo più meticoloso, e su larga scala.
Evacuare l'Afganistan, adesso si bombarda. Non si preoccupino le organizzazioni umanitarie: verrà il loro turno, dopo che i militari avranno finito. Stiano tranquille, avranno tutti i soldi che vorranno, dopo.
Nella macchina della guerra, c'è posto anche per il mondo umanitario. Anzi, un posto importante, una specie di nuovo reparto Cosmesi della guerra.
Far vedere quanti aiuti arrivano con la guerra, quante belle cose si possono fare per questa povera gente. Per i sopravvissuti, naturalmente.

C'è chi ritiene che noi, medici e infermieri che lavoriamo in zone di guerra, dovremmo limitarci a fare interventi chirurgici e medicazioni, senza pensare né prendere la parola.
Mi dicono dall'Italia che qualcuno ha preso ad attaccare pubblicamente Emergency con vigore esattamente per questo motivo, perché abbiamo detto no alla guerra e ai soldi della guerra.
Nella sede di Milano hanno deciso di non rispondere a questi attacchi, impegnati come sono a mandare avanti i progetti di cui siamo tutti orgogliosi, e che ci legittimano a parlare contro la guerra, perché ne vediamo ogni giorno la vera sostanza: le vittime.
È normale che qualcuno si arrabbi, stiamo disturbando la televendita della favoletta della guerra "bella e giusta".
Opinionisti, politologi, studiosi hanno sfilato nei salotti televisivi per l'omaggio di rito alla guerra, abbiamo persino visto ge-

nerali in pensione e qualche "esperto militare" lanciarsi in previsioni di tattica e strategia, i Bernacca dei botti.

Ne ricordo uno che sulla guerra la sa lunga, e si indispettisce se un profano osa dire che le mine antiuomo – in tutte le loro varianti – possono perfino essere oggetti pericolosi.
È allora che allarga le braccia e scuote il capo, e l'espressione, da soavemente comprensiva, si fa severa mentre sentenzia: "Beh, se proprio ci si va a paciugare...".
Tradotto: se i ragazzini sono così stupidi da andarsele a cercare, le mine, se frugano nella sabbia o le inseguono nei prati, in quel caso, forse, possono essere pericolose, ma questo non vuol dire che le mine siano brutta roba, sono i bambini a essere un po' pirla.
Potremmo raccontargli centinaia di storie di bambini "paciugoni", quei diavoletti che non stanno mai fermi e di volta in volta vanno a prendere acqua al fiume, o portano le bestie al pascolo, o coltivano i campi. Eh sì, qui i bambini fanno anche queste cose, e non come parte del corso per Giovani marmotte.
Servirebbe a qualcosa? Non credo. Non servirebbe neppure aggiungere che quei diavoletti vengono dilaniati piuttosto di frequente, perdendo gambe o braccia, la vista o la vita.
"Danni collaterali," sentenzierebbe l'esperto, sfoggiando uno dei concetti filosofici che meglio ha approfondito, insieme con "in guerra si spara" e "attenti al cane". Principi così pregnanti che la televisione, quella pubblica, lo interpella perché li spieghi agli italiani.

Davvero strana l'informazione, in tempo di guerra.
Abbiamo appreso, e ne siamo rimasti confusi, che "le nostre navi" erano ormai "al largo delle coste afgane" – come dire le coste della Valle d'Aosta – e che "Osama si trova nella valle del Pamir".
Non sorprende che non l'abbiano ancora trovato, prima devono trovare dove sta la valle, dal momento che le carte geografiche si ostinano a considerare il Pamir come un massiccio montuoso di circa settemila metri.
Abbiamo persino visto un telegiornale con la carta dell'Afganistan capovolta, ma non è grave. Non è la geografia il vero punto debole dell'informazione, quanto piuttosto l'analisi critica.
"Sappiamo dov'è Osama bin Laden. È circondato," ha assicurato Rumsfeld. Nessuno gli ha fatto ancora notare che sarà pure circondato da mesi e mesi, ma non si sa dove. Forse a Khost, forse a Kandahar, forse è solo circondato dai suoi fedelissimi.
"Esprimo la nostra soddisfazione per la caduta del regime

dei talebani, che for over a decade ha oppresso l'Afganistan," ha dichiarato George W. Bush in una conferenza stampa con Vladimir Putin.

Già, il presidente degli Stati Uniti ritiene che "per più di un decennio" i talebani siano stati al potere in Afganistan: secondo lui erano al potere tre anni prima di cominciare a esistere. Pazienza.

Chi aveva aiutato i talebani a occupare l'Afganistan, così da giustificare l'intervento tardivo dei "liberatori", è argomento che l'informazione preferisce non affrontare, per non confondere lettori e telespettatori.

"L'ultimo assalto alla roccaforte di mullah Omar": da quanti mesi è in corso? Diteci almeno dov'è la roccaforte, se non dov'è mullah Omar. Niente.

"Nella Kabul liberata le donne gettano il burqa": sono stato sfigato, le ho perse tutte.

"Ottomila talebani asserragliati a Gardez per l'ultima battaglia, insieme con le forze di Al Qaeda." E giù bombe, come a Tora Bora.

"Abbiamo ucciso la metà delle forze talebane," esulta dopo qualche giorno il Pentagono.

Chi è stato sul posto, però, non ha visto quasi nulla, e quattromila morti sul terreno non dovrebbero passare inosservati, per un giornalista attento. Chi conosce bene la situazione fa notare che gli scontri a Gardez erano il risultato di rivalità locali, e della nomina del nuovo governatore imposto dal governo provvisorio.

Ci hanno raccontato la favola della guerra e le sue virtù, mentendo deliberatamente su tutto, sulle sue ragioni e sulla sua realtà.

Migliaia di civili sono state ammazzate, ferite e mutilate in Afganistan dalle bombe americane.

Nessuno può dire "non lo sapevo".

Lo sapevano benissimo tutti, a partire dai parlamentari italiani, che molti innocenti sarebbero stati uccisi, come lo sapevano per la guerra precedente. Non potendo dire di non saperlo, hanno pensato di non farlo sapere neanche a noi.

Non ne hanno parlato.

Tutti i giornalisti presenti in Afganistan durante questa guerra sanno delle chiare direttive del Pentagono ai mezzi di informazione perché non si parlasse di certi argomenti, primo fra tutti le vittime civili.

Se il mondo umanitario si è trasformato nel reparto Cosmesi della guerra, l'informazione, salvo rarissime eccezioni, ne è diventata l'ufficio pubblicità e pubbliche relazioni.

La sera ricevo una telefonata da Ketty.
"Gino, ti ho appena inoltrato una e-mail. Non ti dico niente, leggila." Ha la voce commossa, il che mi preoccupa. Ketty, responsabile della comunicazione di Emergency, è ricca di sensibilità anche se altrettanto brava nell'ostentare un perfetto controllo delle emozioni.

Ma quando sente intorno a noi un affetto che si fa condivisione di scelte, di messaggi, di percorsi, i suoi occhi verdi si fanno lucidi. E allora le dodici ore quotidiane di lavoro le diventano leggere.

L'e-mail che Marco mi scarica commuove anche noi:
"Sabato è nata la mia seconda figlia. Dalle liste pubblicate sul sito di Emergency, ho scelto uno dei nomi che le attribuiremo. Si tratta di Fahima Gul Ahmad, 5 anni, deceduta il 28 ottobre a Kalai Khater. Mia figlia si chiamerà Lucia, Maria, Fahima. Spero che ci aiuti a conservare la memoria delle nostre bombe. Grazie, ciao. Stefano A.".

25.

Donne e madri

Sono iniziati, con largo anticipo, i preparativi per la cerimonia dell'8 marzo. La giornata della donna quest'anno sarà celebrata anche a Kabul.

Saranno presenti le autorità e le Nazioni unite, i diplomatici e i notabili, e di sicuro qualche centinaio di agenti dei vari servizi.

Non sarà un 8 marzo qualsiasi, sarà il primo della "Kabul liberata", e si svolgerà sotto gli occhi dei "liberatori". E dei giornalisti di tutto il mondo.

Non sono ammesse brutte figure.

I diritti delle donne sono argomento che scotta, e buona parte della propaganda gioca proprio su questo, far credere che la guerra, anche se brutta e dolorosa, in fondo qualche cosa di buono ha prodotto: "se non altro" le donne adesso sono più libere.

La guerra come mezzo, o almeno come occasione, di liberazione della donna.

Da giorni stanno trasportando sacchi di sabbia sui tetti del palazzo accanto al nostro ospedale, dove ha sede la Presidency of Women Affairs, una specie di ministero della donna.

Lì verrà celebrato l'8 marzo.

Dai sacchi di sabbia, messi l'uno sopra l'altro a ogni angolo dell'edificio, spuntano le canne delle mitragliatrici.

"Hai visto?" dice Marco. "Una delle mitragliatrici è puntata verso il pronto soccorso."

È vero. Chissà perché? Mi pare improbabile che i nostri pazienti, armati di stampelle e siringhe, possano sferrare un attacco terrorista. Però vuol dire che hanno paura di essere attaccati e, se succede davvero, il nostro ospedale è a soli cento metri dal bersaglio.

Ci sediamo a chiacchierarne in giardino, seduti sulla panca di legno di fronte alla fontana.

Ironia della sorte, sembra che la sicurezza del nostro ospedale abbia spesso a che fare con i diritti delle donne.

Tutta "colpa" delle donne, anche l'aggressione del 17 maggio dell'anno passato.

Già in primavera, ancor prima di inaugurare l'ospedale, ci eravamo scontrati più volte con il rappresentante del ministero della Sanità, il dottor-mullah Mohammad: perché le donne parlano con gli uomini, perché mangiano nello stesso locale e il séparé di legno non va bene: deve essere in muratura, poi le donne anche se mangiano in un luogo diverso ritirano il vassoio dalle mani di un uomo e quindi ci vuole una doppia cucina, poi una sala operatoria dove si operino solo donne...

Discussioni e liti interminabili, che avevano messo a dura prova anche le nostre ferme convinzioni sulla non-violenza.

Un giorno di maggio il mullah, camminando per i cortili dell'ospedale, aveva avvistato un assembramento sospetto.

Si era avvicinato e aveva scoperto Matteo, vicino a un ragazzino in carrozzina, intento a spiegare a tre fisioterapiste che la posizione della gamba non era corretta e come dovevano modificarla.

Il mullah, sprezzante e minaccioso, aveva dato alle donne l'ordine di rientrare immediatamente in corsia: la "segregazione delle donne" era la sua ossessione.

Così avevamo convocato il mullah nell'ufficio di Kate, per dirgli che non si permettesse di dare ordini al nostro staff, e che cosa doveva farne della segregazione femminile, e che se non gli andava bene poteva anche togliere il disturbo.

Una settimana dopo, i talebani avevano organizzato la spedizione punitiva contro l'ospedale.

La sicurezza all'interno dell'ospedale. La sicurezza dello staff e quella dei pazienti. Una preoccupazione quotidiana, che spesso non ci fa dormire bene la notte.

In ospedale ci sono ora tanti civili. Ma anche alcuni combattenti mujaheddin e talebani, sauditi e pakistani, prigionieri trovati feriti nelle carceri da Kate e Matteo, durante le loro visite.

Molti di loro erano arrivati "marchiati" dai marine, con fascette autobloccanti di plastica strette alle caviglie, piene di numeri e sigle misteriose. Gliele abbiamo tagliate tutte e le conserviamo, in ospedale non ci possono essere prigionieri, solo pazienti.

Tutti loro circolano liberamente tra le corsie e si mescolano, sotto gli occhi delle nostre guardie, con gli altri feriti.

In teoria qualcuno di loro potrebbe anche scappare ai nostri controlli, non ci vedo proprio Abdulhamid o Farzana, una gamba in due, a bloccare un tentativo di fuga. Ma non è mai successo che qualcuno ci abbia provato, almeno fino a ora.

E non ci sono mai state risse all'interno, tra pazienti "nemici".

Adesso abbiamo feriti dappertutto in ospedale. Non c'è un letto vuoto nelle corsie, e il salone a fianco della lavanderia è occupato da pazienti. Stanno per terra, su materassi di plastica. Dalle corde che in inverno servono per stendere ad asciugare lenzuola e camici, ora penzolano i ganci delle fleboclisi.

Speriamo non succeda niente. In ogni caso manca ancora molto all'8 marzo, abbiamo tempo di liberare un po' di letti, dovessero servire.

Alle sette e mezza del mattino sta per incominciare il giro di visita, quando chiamano dal pronto soccorso.

"Quattro feriti, li hanno trasportati dei militari stranieri."

Anis Gul ha quarant'anni, e si tiene stretto al torace il braccio centrato da un proiettile mentre Farema, moglie di Younus, uno dei figli di Anis Gul, ne ha ventuno ed è stata colpita al collo e alla testa.

Poco dopo la mezzanotte, Farema aveva cominciato a sentire le contrazioni sempre più frequenti, e capito subito che il parto era vicino, sarebbe stato il terzo figlio.

Anis Gul, che un po' se ne intende perché di figli ne ha avuti molti, la assiste finché può, nella casa dove abita tutta la famiglia a Sellow, un quartiere di Kabul non lontano dall'Hotel Intercontinental.

All'una e mezza hanno deciso che c'era bisogno di un'ostetrica, bisognava portare Farema in ospedale. Hanno chiesto ad Hasim, un vicino di casa che fa il tassista, di accompagnarla.

Sono saliti tutti in macchina, Farema e la suocera, Younus e suo fratello Mohammed Saq.

Il taxi di Hasim ha fatto solo pochi metri prima di essere centrato dalle raffiche di mitragliatrice.

Younus, che sedeva al fianco del conducente, è morto sul colpo, un proiettile gli ha trapassato il cranio.

Tutti gli altri, feriti, sono stati presto circondati dalle forze speciali inglesi. Li hanno fatti scendere e costretti a rientrare in casa, e hanno portato via il cadavere. E il taxi, con ventidue fori di proiettile.

I feriti sono stati interrogati tutta la notte, prima che fosse loro consentito di raggiungere il nostro ospedale.

Durante la notte Farema ha partorito il terzo figlio di Younus, un figlio orfano.

Come a New York, dove altri bambini sono nati orfani, o sono usciti da scuola senza sapere di esserlo, l'11 settembre.

Farema e Anis Gul sono in sala operatoria, Hasim sta aspettando il suo turno.

In terapia intensiva, accanto al letto di Farema hanno messo una culla. Lei sta bene e anche il bambino, Anis Gul si è svegliata senza problemi dopo l'intervento.

Nel corso della giornata, Marco e Matteo devono discutere più volte con i militari inglesi, che insistono per entrare in ospedale. Pretendono che consegniamo loro i proiettili estratti dai corpi dei feriti, e vogliono interrogarli di nuovo.

"Afganistan: per la prima volta attaccata la forza multinazionale," è il lancio della notizia sui telegiornali italiani.

Così Farema, giovane donna afgana che ieri è diventata vedova e madre, e Younus, sparato in testa mentre cercava di portare la moglie a partorire in ospedale, diventano pericolosi militanti di Al Qaeda che i militari inglesi hanno neutralizzato "rispondendo al fuoco".

Credo di aver capito in quel momento che cosa intendesse Colin Powell dicendo che "l'informazione è un'arma".

Il mattino dopo, entrando in ospedale, diamo uno sguardo all'edificio accanto: dietro le mitragliatrici, spuntano i berretti delle forze speciali inglesi.

Sul tavolo dell'ufficio Kate trova gli inviti, in carta patinata, alla celebrazione ufficiale della giornata della donna.

26.

In cella

"Part Three" è il nome della prigione di sicurezza a Kabul. Strano nome, visto che nessuno sa dove siano la prima e la seconda parte.

Sono le otto del mattino quando ci aprono la porta di ferro del carcere: qui sono rinchiusi i prigionieri un po' speciali, i talebani più duri e i non-afgani, gli "afghan arabs".

Kate aveva visitato alcune parti della prigione qualche giorno prima. "C'è molto da fare, lì dentro," era tutto quello che ci aveva detto la sera.

I secondini sono gentili ma diffidenti. Per alcuni di loro è un nuovo incarico, ancora non ci conoscono: osservano con sufficienza i permessi che ci consentono l'accesso a tutte le prigioni per verificare le condizioni di salute dei detenuti, ma alla fine si rassegnano ad averci tra i piedi per qualche ora.

Senza grande entusiasmo ci conducono giù nel sotterraneo, dove stanno i prigionieri.

Fa freddo lì sotto, e c'è molta umidità. Le celle sono l'una a fianco dell'altra, da un solo lato del corridoio, chiuse da porte metalliche.

Cominciamo la visita.

Un secondino cerca di fare il furbo e passa oltre, senza aprirla, una delle porte: "Tasnob, tasnob", questo è un gabinetto.

Ma Kate ormai frequenta le prigioni da lungo tempo. Le bastano sorrisi ammiccanti e toni perentori per far capire che conviene a tutti togliere lucchetto e spranga e aprire la porta del "gabinetto".

La cella è piccola, forse pensata davvero per essere un bagno, senza luce, non ci sono finestre, l'aria è pesante, nauseabonda.

Due specie di letti a castello per parte, a distanza di un metro, da cui sporgono facce magre, capelli arruffati, occhi impauriti. Sono in sei lì dentro, ci sono due prigionieri anche sul pavimento sotto il letto più basso, avvolti nei loro patou.

Rahmatullah ha ventidue anni, viene da Kandahar, faceva parte delle milizie talebane. Ha la febbre alta, le guance scavate e gli zigomi sporgenti. È debolissimo, sta male.

Un mujaheddin, probabilmente di età non molto diversa dalla sua, lo aveva centrato alla coscia durante i combattimenti per la presa di Kabul, due settimane prima. Un colpo di kalashnikov, il femore destro in frantumi. Ferito gravemente, era stato catturato.

Rahmatullah non riesce a uscire da lì sotto, ma solleva la coperta lercia: la gamba destra, quella ferita, è tenuta immobile da una rete metallica. La benda è intrisa di pus.

"Possiamo portarlo subito in ospedale?" chiedo.

Per un medico, ma forse non solo, è frustrante, persino umiliante fare domande simili.

Come sarebbe a dire *possiamo* portarlo in ospedale? In quale altro posto, se non in un ospedale, dovrebbe stare un essere umano quando ha una coscia fratturata e talmente infetta da avergli già procurato una setticemia?

Invece bisogna chiedere e sperare. Perché, in barba a ogni Carta dei diritti di questo o di quell'altro, viviamo in un mondo in cui bisogna chiedere il permesso a qualcuno per curare un ferito.

La cosa mi spaventa, perché se si deve chiedere autorizzazione vuol dire che qualcuno può decidere di non autorizzare, cioè di negare il più importante e primordiale dei diritti umani, quello di restare vivi.

E se non fossimo capitati qui, se Kate non si fosse accorta di quel "gabinetto" molto sospetto? Non avremmo chiesto alcun permesso, nessun altro lo avrebbe fatto, e Rahmatullah sarebbe morto in quella cella schifosa.

Kate non incontra alcuna difficoltà con i responsabili della prigione.

Bene. Il vecchio patto, stipulato molti mesi prima con mujaheddin e talebani, funziona ancora.

"Se dobbiamo occuparci dell'assistenza medica ai prigionieri," avevamo spiegato a entrambe le parti, "dobbiamo avere il diritto di registrare e visitare tutti i prigionieri, non uno escluso, e di trattare chiunque abbia bisogno in uno dei nostri ospedali."

Waseem chiama via radio un'ambulanza, arrivano con la barella e trasportano Rahmatullah, che si tira la coperta sugli occhi non appena esce all'aperto: fuori, è una giornata di sole.

In pronto soccorso lo lavano, lo preparano per l'intervento. Abbiamo deciso di operarlo subito.

"Non è certo a pancia piena, e d'altra parte non possiamo aspettare, l'infezione è molto grave," spiega Marco all'anestesista preoccupato di addormentare un paziente non digiuno.

Ne raccogliamo la storia, in corridoio. Ferito il 13 novembre alle ore 1.30, località Kabul.

"Ma dove gli hanno messo la stecca metallica e fatto la medicazione?" chiede Marco.

"A Karte Seh."

"All'ospedale di Karte Seh?"

"Sì," dice Rahmatullah, "all'ospedale della Croce rossa, ci sono stato cinque giorni." Ancora oggi a Kabul lo chiamano il Red Cross Hospital, anche se lo staff della Croce rossa internazionale è ridotto a un paio di infermieri con ruoli di supervisione.

"Ma è stato operato o solo medicato?"

Ibrahim, l'infermiere di turno in pronto soccorso, ci discute a lungo, in pastu: "Non lo sa", è il responso, "non riesco a fargli capire la differenza".

"Non importa."

Mentre gli anestesisti si preparano, Marco e io esaminiamo il paziente. La lastra fa vedere molti frammenti di osso, nella parte bassa del femore. La ferita di uscita del proiettile è di lato, lunga una dozzina di centimetri, diritta, sembra un'incisione di bisturi, tranne che nella parte centrale, dove è irregolare e forma un largo buco da cui fuoriesce pus in abbondanza.

"Forse avranno pulito un po' la ferita lì in pronto soccorso," suggerisce Marco. Può darsi.

Incominciamo a spennellare di disinfettante. Al momento di avvolgere la gamba destra nel telo verde sterile, scorgo due piccoli fori ai lati della tibia, uno per parte, qualche centimetro sotto il ginocchio.

"Hai visto?" dico a Marco.

Osserva per un attimo, poi mi guarda serio, preoccupato, stiamo pensando la stessa cosa, la stessa sequenza di eventi.

C'è un ragazzo con un femore a pezzi che ha bisogno di chirurgia urgente. Viene portato in ospedale, dove viene operato, o qualcosa di simile, e si infetta.

Una complicazione può succedere, non è la cosa più grave, non è questo che ci fa paura della storia di Rahmatullah.

Sono piuttosto i due piccoli fori sulla gamba che ci spaventano: attraverso la tibia era stato fatto passare un filo metallico per attaccarci corda, carrucola e pesi, così da mettere il paziente in trazione per curarne la frattura.

Era la sua terapia.

Rahmatullah avrebbe dovuto stare in trazione almeno otto settimane.

Però dopo cinque giorni qualcuno ha fatto togliere il ferro della trazione, e si è permesso che un paziente gravemente ferito finisse in galera, sapendo con certezza che non vi sarebbe rimasto a lungo, vivo.

Chi ha deciso di negare a Rahmatullah il diritto di essere curato, interrompendone la terapia? Chi ha deciso di abbandonarlo e lasciarlo morire, con ogni probabilità fra atroci sofferenze, in una cella di massima sicurezza?

Chiedo che vengano scattate alcune fotografie.

Terrò una foto di Rahmatullah, anzi della sua tibia destra, nel mio portafogli, nel caso qualcuno voglia sapere perché abbiamo deciso di aprire a Kabul un Centro chirurgico per vittime di guerra.

Basterà mostrare quei due piccoli fori, per ricordare che i diritti umani non sono un optional e che hanno valore solo se si applicano a tutti, anche ai Rahmatullah.

Se non valgono anche per lui, non stiamo parlando dei diritti di tutti ma dei privilegi di pochi, di solito dei nostri.

Ci sono frammenti di osso e di muscoli ormai morti nella sua coscia.

Quanti Rahmatullah ci sono oggi in Afganistan? E quanti prigionieri sono già morti, per le ferite e per la fame? Esseri umani catturati vicino al fronte o rapiti nelle proprie case, trasportati bendati nessuno sa dove. Spariti nel nulla, a far compagnia alle centinaia di fantasmi che sono sotto le macerie del carcere di Mazar-i-Sharif, dove i bombardieri hanno domato la rivolta seppellendo i prigionieri.

Prepariamo una nuova trazione, tengo ferma la gamba di Rahmatullah mentre Marco fora la tibia con il trapano.

Ci sono momenti in cui ho la sensazione che l'umanità sia capace di perdere in pochi mesi quello che ha conquistato a fatica in duecento anni.

27.

A scuola

Sulle rive del fiume che scorre da Kabul a Jalalabad c'è il villaggio di Sirobi. La valle si allarga dopo le strette gole e i canyon del Kabul Gorge, e il fiume dà acqua in abbondanza ai campi di grano. Molte famiglie, in larga maggioranza pastun, lavorano la terra.
Come ogni mattina, i bambini vanno a scuola, a piccoli gruppi, qualcuno viene da lontano. A scuola, si insegna in lingua pastu.
Oggi, gli alunni sono arrivati quasi tutti all'ospedale, chi pigiato sui sedili posteriori di taxi sgangherati, chi su un autobus requisito. Ne manca solo uno all'appello, il resto della classe è presente: ventitré bambini, tra i dieci e i dodici anni.

A scuola si va per imparare, per conoscere, per educarsi.
La scuola dovrebbe essere il luogo in cui, più che altrove, si formano i cittadini: educazione civica, si chiamava ai miei tempi una delle materie più trascurate.
L'educazione civica dovrebbe essere tra i fini primari della scuola: in fondo, leggere e scrivere correttamente, e far di conto, non sono cose più importanti che imparare a essere cittadini informati, responsabili, rispettosi delle istituzioni, delle leggi e soprattutto dei diritti altrui.
L'educazione alla pace, a esempio, dovrebbe diventare materia obbligatoria in ogni scuola. Particolarmente di questi tempi. Invece si studiano le guerre – perlopiù memorizzando nomi di battaglie famose – ma non si studia mai la pace.
Viviamo in un "villaggio globale" sconvolto dalle guerre, un pianeta, quello degli uomini, dove tra l'altro qualcuno ha seminato cento milioni di mine antiuomo.
Decine di conflitti, milioni di morti. Con tutto il corollario di

vergogne, vero arsenale della guerra: fame e malattie, miseria e odio, esecuzioni sommarie, vendette, attentati, stupri, pulizie etniche, torture, violenze. Terrorismo.
E a scuola si studiano le battaglie, non la guerra. Né la pace.

Non sappiamo il nome del ragazzino che manca all'appello. Non ha potuto viaggiare con i compagni: è stato smembrato dal razzo esploso nella scuola di Sirobi.

Gli altri, i ventitré compagni feriti, sono tutti presenti, nell'ospedale di Emergency a Kabul.

Una classe in ospedale: tra poco, due barelle per volta, entreranno in sala operatoria, tranne quattro o cinque di loro, feriti in modo lieve. Assenti giustificati dalle lezioni.

Un razzo dentro una classe.
Come definire un fatto del genere: un tragico errore, un effetto collaterale? Resto convinto che per chi è dentro la classe, ha dieci anni e vuole studiare, ricevere un razzo in testa significhi restare vittima di un atto di terrorismo, chiunque ne sia l'artefice.

Lo sanno benissimo anche gli amanti dell'effetto collaterale, al punto che urlerebbero contro il terrorismo invocando immediata vendetta, se un ordigno esplodesse sulla porta della scuola del loro figlio.

Strano fenomeno il terrorismo.
Un essere umano piazza una bomba in un supermercato, un altro fa schiantare un aereo contro un palazzo... Cento, mille morti, tremila.

Sono pazzi, malati, persone che dovrebbero sottoporsi a cure psichiatriche?

Sarebbe tutto più facile, fosse così. Non sono solo folli né sadici i terroristi, né sono tutti drogati fanatici e analfabeti, anche se qualcuno certamente lo è.

Tra gli esponenti di punta del terrorismo islamico ci sono molti laureati e studiosi, rispettati professionisti. Ayman al Zawahiri, per esempio, braccio destro di Osama bin Laden, era un noto pediatra egiziano. Gli ha dato di volta il cervello, se adesso anziché curare i bambini li fa esplodere?

Visto che non sono solo pazzi – e su questo punto tutti concordano – perché lo fanno?

Sarebbe molto interessante saperlo, per tutti noi. Anzi, è molto importante che lo sappiamo, altrimenti sarà difficile, quasi impossibile, risolvere il problema, se non ne conosciamo neppure le ragioni.

Dobbiamo conoscere il terrorismo.

Forse noi ne diamo un'interpretazione un po' restrittiva, al nome associamo sempre l'immagine di un attentato.

Invece, tra i nostri concittadini del villaggio globale, sparsi nei diversi continenti, sono in centinaia di milioni, forse qualche miliardo a pensare che ci siano forme di terrorismo ancora più devastanti di un'autobomba, perfino di un aereo che esplode in un grattacielo.

Le armi chimiche, per esempio, usate contro la popolazione.

I curdi pensano al 1988 quando a Halabja, città dell'Iraq del Nord, in un'ora cinquemila civili vennero uccisi con i gas dagli aerei di Saddam Hussein. Sono convinti che sia stato un atto di terrorismo, e considerano vergognoso che il massacro – di cui erano perfettamente a conoscenza gli alleati di Saddam, Stati Uniti e Gran Bretagna – non sia stato fatto conoscere al mondo, né condannato.

I vietnamiti ricordano ancora le armi chimiche usate dagli aerei americani sulla popolazione del Vietnam del Sud negli anni sessanta. E ricordano i morti, i malati di tumori e leucemie, e i nati con malformazioni, nei decenni successivi. Tragedia così simile a quella che vivono, ancora oggi, gli abitanti di Hiroshima e Nagasaki, che nell'agosto 1945 videro centinaia di migliaia di persone morire in pochi secondi, vittime della più sconcertante arma terroristica: la bomba atomica.

Poco importa che aerei ed elicotteri avessero la bandiera a stelle e strisce, il risultato sarebbe stato lo stesso con la stella rossa: moltissimi vietnamiti, come i curdi e i giapponesi, pensano che sia stato terrorismo.

Altri nostri concittadini, gli iracheni a esempio, ritengono che imporre per dieci anni un embargo devastante per la popolazione – ha già causato un milione di morti – sia un'altra forma di terrorismo generalizzato, protratto.

Hanno torto i vietnamiti e i curdi, gli iracheni e i giapponesi? No, al contrario. Hanno assolutamente ragione, è stata la forma di terrorismo che loro, le loro famiglie e il loro popolo, hanno sperimentato.

Esattamente come i cittadini di New York identificheranno per sempre il terrorismo con il World Trade Center che va in frantumi con tremila persone dentro.

Molti popoli, tra quelli che abitano il pianeta, conoscono una forma o un'altra di terrorismo.

La Corte internazionale di giustizia ha sentenziato il 27 giugno del 1986 che i bombardamenti sulle comuni agricole del Nicaragua, il deposito di mine nelle acque territoriali di quel paese, il sostegno ai terroristi della Contra, che avevano massacrato decine di migliaia di persone, siano stati "un'attività militare o paramilitare illegittima e del tutto ingiustificabile in territorio straniero" che ha colpito la popolazione civile: un atto di terrorismo internazionale. E ha condannato i responsabili, gli Stati Uniti d'America.

L'elenco dei popoli, delle persone che hanno conosciuto violenza per atti di terrorismo percorre quasi tutto il mappamondo. Chi ha subito attentati e chi l'embargo, chi è stato bombardato e chi gassato, chi è stato vittima della pulizia etnica e chi chiuso nei campi di sterminio, chi è finito nei gulag o nelle riserve o nei campi profughi, chi ha il filo spinato intorno a casa e non può raggiungere l'ospedale, e chi l'ospedale potrebbe raggiungerlo, se qualcuno non gli sparasse prima. E chi mangerebbe sassi pur di sopravvivere, chi è malato e non ha medicine e chi è disperato nella sua povertà.

Vittime del terrorismo, ciascuno del suo.

Il terrorismo è la nuova forma della guerra, è il modo di fare la guerra degli ultimi sessant'anni: contro le popolazioni, prima ancora che tra eserciti o combattenti. La guerra che si può fare con migliaia di tonnellate di bombe o con l'embargo, con lo strangolamento economico o con i kamikaze sugli aerei o sugli autobus.

La guerra che genera guerra, un terrorismo contro l'altro, tanto a pagare saranno poi civili inermi.

Sono quindici anni che vedo atrocità e carneficine compiute da vari signori della guerra, chi si diceva di "destra" e chi di "sinistra", e non ci ho mai trovato grandi differenze. Ho visto, ovunque, la stessa schifezza, il macello di esseri umani. Ho visto la brutalità e la violenza, il godimento nell'uccidere un nemico indifeso.

Ci ho abbastanza a che fare, e non posso non odiare le guerre, sante e profane, e il terrorismo, che sia quello di Saddam a Halabja, o di Johnson a Saigon, di Osama a New York o di Bush in Afganistan.

Il terrorismo, cioè la guerra di oggi, è il vero mostro da eliminare.

Due sale operatorie funzionano senza sosta da più di ventiquattro ore, ad aggiustare gli intestini degli alunni sforacchiati dalle schegge metalliche di una guerra che i media occidentali si ostinano a presentare come già finita da un pezzo.

28.
Discorsi afgani...

È ora di fare la valigia, domani lascio l'Afganistan. Molte cose sono cambiate dall'8 novembre, quando siamo arrivati sotto le bombe nella Kabul talebana.

Non ci sono più gli "studenti coranici", campioni dell'oscurantismo religioso e fanatici della segregazione femminile. Il Pakistan, padrone e padrino fino al giorno prima, non ha esitato ad abbandonare i "fratelli talebani" al loro destino. Non c'è stato bisogno di convincere nessuno, nessuna grande rivoluzione di pensiero.

È bastato agli Stati Uniti offrire tanti dollari "in aiuti" a Musharraf, in cambio della testa dei talebani, un'offerta che il dittatore non poteva declinare, più per le sciagure che un rifiuto avrebbe comportato che per l'entità del dono. Addio rifornimenti per le milizie di mullah Omar. Al resto, ci hanno pensato le bombe americane e i mujaheddin dell'Alleanza del Nord.

Addio talebani, nessun rimpianto.

Nel pomeriggio arriva Koko Jalil, in compagnia del professor Abdulkharim. È anche lui panchiri, di Rokha, ma vive e insegna in Pakistan da anni, ed è tornato per trovare la famiglia. "Bisior big professor," uno studioso, assicura Koko che nel frattempo ha iniziato a mescolare con noncuranza inglese e *farsi*.

Dobbiamo andare in Panchir per i saluti, il professore verrà con noi.

Ceneremo tutti insieme, come sempre quando qualcuno parte. E ci saranno i regali, i bigliettini decorati e i mazzi di fiori di plastica.

Cena italiana. Le nostre penne fanno furore, e mettono allegria.

"Hai notato che c'è molta più gente per le strade a Kabul? Anche molti negozi hanno riaperto."

"E si riesce persino a trovare una bottiglia di whisky, se si conoscono i commercianti giusti."

Kabul, città a maggioranza tagika come i leader dell'Alleanza del Nord, è più contenta adesso, si veste meglio, è anche un po' più ricca: ci sono – per pochi – tanti soldi disponibili.

"Per anni abbiamo chiesto aiuto, a tutti," dice il professore, "e nessuno ci è stato a sentire. Tutti, presidenti e primi ministri e potenti del mondo, hanno deciso di ignorare gli afgani, di lasciarli morire nella loro guerra."

"È verissimo," concordo, "l'Afganistan avrebbe potuto essere cancellato dalle carte geografiche, nessuno avrebbe battuto ciglio."

"Già, fino all'attentato a New York. Allora si sono ricordati dell'Afganistan..." è pensieroso, assorto il professor Abdulkharim, si liscia la barba bianchissima e strofina gli occhiali dalle spesse lenti. Induce anche me a riflettere, mentre continua nell'elenco delle sofferenze della sua gente.

11 settembre 2001. Ritorna quella data maledetta.

E quel che è avvenuto subito dopo, in successione talmente rapida da stordire, da togliere il tempo di riflettere.

Crollano le torri gemelle e spariscono tremila vite umane: a New York sono le 10.28.

Chi è stato? Molto probabilmente Osama bin Laden, comunica la Cnn alle 16.00.

Dov'è? In Afganistan.

"Il governo americano non farà distinzioni fra i terroristi che hanno commesso questi atti e coloro che li ospitano," dichiara il presidente Bush nel suo discorso alla nazione alle 20.30.

In dieci ore e due minuti il governo degli Stati Uniti d'America scopre chi ha ordinato l'attentato, dove si trova e chi sono i suoi complici. Un lavoro davvero incredibile.

Ma non è tutto. Identifica, in dieci ore e due minuti, un paese nemico, una nazione cui dichiarare guerra, una terra di pastori e contadini su cui far cadere bombe da sette tonnellate, da invadere con forze speciali, una terra dove stabilire basi militari, e con l'occasione costruirne anche nei paesi limitrofi.

Che cosa ha a che fare tutto questo con il trovare e punire i responsabili del massacro di New York? C'è un salto logico tra l'assicurare criminali alla giustizia e il bombardare un paese.

"Perché tutto questo, e tutto così in fretta?"

Il professor Abdulkharim sembra un capo tribale, lo vedrei meglio in un villaggio del Panchir che in un centro studi di Islamabad.

"L'Afganistan serve oggi agli americani, come ieri serviva ai russi. E se lo sono preso come avevano fatto i russi. Hanno bisogno dell'Afganistan, capisci? Agli Stati Uniti serve l'accesso e il controllo delle riserve energetiche delle Repubbliche dell'Asia centrale. È una questione economica vitale, al di là della volontà di punire Osama bin Laden..."

Abdulkharim è convinto che sia così, e quando coglie il mio sguardo perplesso diventa inarrestabile.

"Sai che cosa vuol dire, prendersi l'Afganistan? Te lo dico io: far guadagnare fiumi di dollari alle compagnie americane, petrolifere e non, e piazzare qui le loro basi militari. E non è la prima volta che ci provano.

"Hai capito perché tutto è stato deciso così in fretta, dopo l'attentato? Perché in realtà avevano già deciso di prendere l'Afganistan, alla prima occasione."

"Che cosa stai dicendo?"

"Che la decisione è precedente all'attentato di New York. Non so se hai presente quando Clinton voleva..."

Ho presente.

Già nell'inverno del 2000 il governo degli Stati Uniti e il presidente Clinton avevano deciso per un attacco militare all'Afganistan, dopo l'attentato del 12 ottobre 2000 all'incrociatore americano Cole nel Golfo di Aden, attribuito a Osama bin Laden e ai suoi.

Era cosa di dominio pubblico, occupava a esempio nove colonne dei maggiori quotidiani pakistani, molte meno in Italia, naturalmente, essendo la notizia irrilevante per molta stampa nostrana intenta a seguire le vicende di Casa Savoia.

Erano stati compiuti tutti i passi di "diplomazia di guerra" necessari. Concordata una posizione di disimpegno della Cina, gli Stati Uniti avevano trovato il pieno sostegno di Russia e India, un'inedita coalizione a tre, per portare a termine il piano.

Nessuno stupore: la Russia non ne poteva più di vedere la guerriglia cecena rifornirsi di nuovi fanatici ben addestrati provenienti dai campi di battaglia afgani, l'India aveva lo stesso problema con i combattenti islamici in Kashmir.

Un solo aspetto restava da definire, secondo la stampa statunitense e pakistana: il "quando". Un attacco in tempi brevissimi, oppure gli Stati Uniti avrebbero aspettato un mese, per rispettare il Ramadan, il periodo di digiuno islamico ormai alle porte?

L'attacco venne ritardato: poi, con le elezioni presidenziali americane e la vittoria di Bush, non se ne era più parlato. Forse la strategia era cambiata.

"Le compagnie statunitensi del petrolio, con il sostegno del governo, trattavano con i talebani il passaggio di gasdotti e oleodotti attraverso l'Afganistan. Poi, qualche mese prima dell'attentato di New York, qualcosa deve essere andato storto, le trattative si sono arenate."

Non è la prima volta che sento analisi e commenti simili, se ne è discusso spesso e a lungo, e poi sono decine i libri e i saggi sull'argomento, in tutte le sue varianti. Ci sono anche analisti politici che definiscono il controllo dell'Afganistan di importanza strategica, non solo economica, per gli Stati Uniti.

Perché l'Afganistan – spiegano – è vicino alla Cina, addirittura ci confina per un piccolo pezzo, e i capi al Pentagono sono talmente convinti che la Cina sarà il prossimo avversario strategico, che già hanno messo a punto materiali d'addestramento in cui Charlie, "il nemico", veste l'uniforme dell'esercito cinese.

Così non mi sorprendono troppo i discorsi di Abdulkharim, piuttosto è la sua voce a essere intrigante, raffiche veloci di parole ben scandite e intervallate da lunghe pause, come dovesse ricontrollare ogni frase prima di pronunciarla.

E poi sembra soffrire mentre parla: "Non sono stati gli afgani a dare ospitalità ai terroristi: chi li ha infilati qui da noi, pieni di soldi e di armi? L'Afganistan è stato dato in mano ai terroristi, per anni: adesso non servono più e con la scusa di eliminarli... Perché tutti devono cercare di prendersi il mio paese?".

"Perché è bellissimo e gli afgani sono bellissimi," tento una battuta per cambiare argomento.

"Hai ragione, basta discorsi seri. Allora quanto starai via?"

"Non so. Poco, spero."

È l'ora dei saluti, domattina partiremo presto, Koko Jalil verrà con me fin giù a Bagram.

29.
...e sogni

Devo essermi addormentato pensando a Bazarak e Rokha, ad Anabah e Saman Khor con le baracche di legno del poverissimo bazar tappezzate di foto di Massud.

Poi ho pensato al Comandante che percorreva senza sosta la valle, con l'uniforme e gli stivali e il "cappello alla Massud"...

Nel sonno ho visto le facce degli uomini al suo funerale, con le rughe ancora più scavate da un dolore che erano sicuri di non dover provare mai, perché mai nessuno avrebbe potuto uccidere il Leone del Panchir, e ho visto le donne piangere e i bambini tristi, e la valle fermarsi al passaggio della salma.

E ho visto in lontananza le facce dei potenti, serie, impenetrabili, dai contorni sfumati, grigie, fredde, cattive. Non piangevano come gli altri, parlottavano tra loro.

Li osservavo da lontano, tra la folla, accanto a un vecchio con il turbante a righe bianche e verdi e gli occhi pieni di lacrime. "Qualcuno l'ha venduto," mi ha detto guardandomi in faccia, prima di andarsene.

Mi sveglio di soprassalto. Un sogno orribile. Massud tradito, e da chi? Impossibile.

E poi perché, chi poteva volere la sua morte? Era forse diventato scomodo? A mesi di distanza, nessuno ha ancora rivendicato l'assassinio di Ahmad Shah Massud, il più importante leader afgano... Ma no, non c'entra, mi dico, assolutamente impossibile. Solo un brutto sogno, che mi mette angoscia.

Richiudo gli occhi per ritrovare il sonno, e vedo il greto del fiume su a Jangalek, e Massud che atterra con il suo elicottero e salta giù, scappando via curvo sotto le pale ancora in movimento... e lo vedo accanto a me, inginocchiato sul tappeto della mia casa in Panchir, a consultare insieme carte geografiche per cercare i luoghi più idonei dove soccorrere i feriti... e poi lo vedo seduto a gambe incrociate nel grande salone di Dolonsan, circondato dai suoi uomini, mentre parla della libertà dell'Afganistan, della tragedia che vive il suo popolo, della necessità di continuare la lotta di indipendenza contro i talebani, strumenti della politica del Pakistan e degli Stati Uniti...

La sveglia suona presto al mattino. Alle sette carichiamo i bagagli, Koko Jalil si mette al volante.
Che incubo terribile la notte scorsa. Riesco a ricordare quasi tutto. Ma quel discorso di Massud... era nel sogno ma non era un sogno, quel discorso glielo avevo sentito pronunciare davvero, tempo prima, con le stesse parole. Mi ricordo benissimo dove, e chi era presente.

Lasciamo il Panchir quando la valle inizia a riprendere luce e forme, con i primi raggi di sole che filtrano dalle montagne innevate. Questo posto potrebbe essere un paradiso, mi ripeto ogni volta di fronte ai villaggi di fango e paglia dalle forme geometriche, abbarbicati alle rocce come negli affreschi di Giotto.
Ecco Dolonsan, il nostro accampamento di un tempo, dove spesso Massud riuniva i suoi comandanti.
Sarà difficile d'ora in poi passare di qui senza avere pensieri e dubbi, e provare molta tristezza. Sarà difficile non scrutare i finestrini delle jeep, nella speranza di intravedere una faccia lunga e ossuta, un cappello obliquo e un sorriso sincero.
Ci infiliamo nella stretta gola dove il fiume borbotta tra le rocce. "Mi sento annegare in un fiume di lacrime," canta Eric Clapton, e quella musica non mi esce di testa per il resto del viaggio: Gulbahar, Jabul Seraj, Charikar con il bazar pieno di tappeti raffiguranti Massud in preghiera.
Poi Bagram, la grande base aerea costruita dai russi che era servita per l'invasione dell'Afganistan.
Al cancello, tanti anni prima presidiato dalle spetnatz, le forze speciali russe, Koko Jalil si ferma davanti a una pattuglia di marine. Scuote la testa mestamente, ha gli occhi pieni di lacrime.

Cara Cecilia

spero tu riesca a leggere questa mail. Oggi torno a casa, o almeno mi metto in viaggio. Mi sembra di essere via da un tempo lunghissimo, ho bisogno di casa.

È stato un periodo difficile, passato tra stanchezza, rabbia, paura e soprattutto tristezza.

La guerra rende tristi. I morti che non abbiamo potuto vedere, e quelli che abbiamo visto morire nei nostri ospedali. E i feriti... quante vite segnate, molte per sempre.

Ci sarà chi ricorderà questi mesi per aver perso un occhio, o una mano, o entrambe, e chi non ricorderà niente per quella maledetta scheggia che gli ha toccato il cervello, e chi ricorderà tutto, ogni volta che si troverà ad arrancare su una carrozzina.

Molte famiglie sono in lutto, molte stanno ancora soffrendo e molte sono in rovina, più povere di prima e con una bocca in più da sfamare. Più numerosi di prima sono gli orfani e le vedove.

Ho visto le vittime. Vere, reali, ho ancora negli occhi le loro facce di esseri umani sofferenti.

Non credere una parola, quando diranno che hanno "sconfitto il terrorismo". Sono bugie, enormi bugie che difenderanno con i denti per coprire i propri crimini e i propri interessi.

Ma i morti e i feriti sono lì, se ne trovano i resti e la memoria, se si ha il coraggio di farlo.

Abbiamo curato più di duemiladuecento persone, in questi mesi: l'ottantasette per cento erano civili.

Anche questa volta hanno assassinato migliaia di civili innocenti, hanno fatto la stessa cosa dei terroristi che dicevano di voler punire.

Non credere una parola, ogni volta che cercheranno di spiegare come sarà bella la guerra futura, tecnologica, selettiva, "umanitaria".

Sarà solo un altro carico di morte e di miserie umane.

Venendo qui abbiamo fatto il nostro dovere, ed è stato utile. In questi mesi all'interno della guerra abbiamo lavorato molto, rattoppando ferite. E abbiamo capito che non possiamo tacere di fronte ai crimini, anche quando compiuti in nome della "civiltà".

Non ho visto giustizia, in questi mesi, né pietà, non ho visto ragione né umanità. Forse anche per questo ho bisogno di casa.

Sarò sempre contro la guerra, perché non sarei capace di vivere pensando a te in mezzo all'orrore. Ti voglio bene, a presto

un bacio, Gino

P.S.: Trovi in allegato la prima stesura del libro che ho scritto, fanne una copia e tienila da qualche parte. I computer si rompono a volte, e non ho idea di come sarà il viaggio. È la storia di quest'ultima esperienza nella guerra, fai tutti i commenti del caso, e se ti viene in mente un titolo adatto, visto che il libro è dedicato a te... grazie.

Nota dell'Autore

Ho chiesto all'editore di pubblicare in appendice il testo della Dichiarazione universale dei diritti umani, firmata a Parigi il 10 dicembre 1948.

Credo sia fondamentale che questo documento sia letto e meditato da tutti. Mi piacerebbe, anzi, che ce ne fosse una versione plastificata, di piccolo formato, da tenere nel portafogli con la carta d'identità e la tessera del gruppo sanguigno.

Strana civiltà quella in cui buona parte degli individui e dei popoli non conosce i propri diritti.

Perché quella dichiarazione, che resta tra le più alte espressioni del pensiero etico, sociale e politico dell'umanità, ci dice quali sono i diritti di tutti noi, di ciascuno di noi.

E ci fa anche vedere, per molti versi, quelli che sono i nostri doveri, e i doveri di chi ci governa.

A cinquantaquattro anni dalla prima firma, non c'è un paese che abbia messo in pratica tutti gli articoli che ha firmato.

Il mondo si trova su una china molto pericolosa, anche perché non sono stati rispettati quei principi, pilastri della convivenza civile, che pure sono stati "letti, approvati e sottoscritti".

Forse anche per questo ci dibattiamo tra guerre e povertà, tra fame e malattie, tra ingiustizie e massacri, tra violenza e terrorismo.

Dovremmo conoscere meglio la Dichiarazione universale, per pretendere che i suoi trenta articoli siano applicati. Da tutti. Per tutti.

Non solo un altro mondo è possibile, ma questo mondo, il nostro mondo di oggi, è impossibile, non può resistere, ci sono ferite e piaghe profonde, da qualsiasi parte lo si guardi.

Non possiamo più permetterci di vivere in un mondo ingiusto e violento.

Il giorno in cui si iniziasse a mettere in pratica la Dichiarazione universale dei diritti umani, ci ritroveremmo in un mondo che finalmente può incominciare a progettare il proprio futuro, anziché, come sta succedendo, la propria autodistruzione.

Gino Strada

21 giugno 2002

Dichiarazione universale dei diritti umani

Preambolo

Considerato che il riconoscimento della dignità inerente a tutti i membri della famiglia umana e dei loro diritti, eguali e inalienabili, costituisce il fondamento della libertà, della giustizia e della pace nel mondo;
considerato che il disconoscimento e il disprezzo dei diritti umani hanno portato ad atti di barbarie che offendono la coscienza dell'umanità, e che l'avvento di un mondo in cui gli esseri umani godano della libertà di parola e di credo e della libertà dal timore e dal bisogno è stato proclamato come la più alta aspirazione dell'uomo;
considerato che è indispensabile che i diritti umani siano protetti da norme giuridiche, se si vuole evitare che l'uomo sia costretto a ricorrere, come ultima istanza, alla ribellione contro la tirannia e l'oppressione;
considerato che è indispensabile promuovere lo sviluppo di rapporti amichevoli tra le Nazioni;
considerato che i popoli delle Nazioni unite hanno riaffermato nello Statuto la loro fede nei diritti umani fondamentali, nella dignità e nel valore della persona umana, nell'eguaglianza dei diritti dell'uomo e della donna, e hanno deciso di promuovere il progresso sociale e un miglior tenore di vita in una maggiore libertà;
considerato che gli Stati membri si sono impegnati a perseguire, in cooperazione con le Nazioni unite, il rispetto e l'osservanza universale dei diritti umani e delle libertà fondamentali;
considerato che una concezione comune di questi diritti e di questa libertà è della massima importanza per la piena realizzazione di questi impegni:

resente dichiarazione universale dei diritti umani come comune da raggiungersi da tutti i popoli e da tutte le Nazioni, al fine che ogni individuo e ogni organo della società, avendo costantemente presente questa Dichiarazione, si sforzi di promuovere, con l'insegnamento e l'educazione, il rispetto di questi diritti e di queste libertà e di garantirne, mediante misure progressive di carattere nazionale e internazionale, l'universale ed effettivo riconoscimento e rispetto tanto fra i popoli degli stessi Stati membri, quanto fra quelli dei territori sottoposti alla loro giurisdizione.

Articolo 1. Tutti gli esseri umani nascono liberi ed eguali in dignità e diritti. Essi sono dotati di ragione e di coscienza e devono agire gli uni verso gli altri in spirito di fratellanza.

Articolo 2. A ogni individuo spettano tutti i diritti e tutte le libertà enunciate nella presente Dichiarazione, senza distinzione alcuna, per ragioni di razza, di colore, di sesso, di lingua, di religione, di opinione politica o di altro genere, di origine nazionale o sociale, di ricchezza, di nascita o di altra condizione.

Nessuna distinzione sarà inoltre stabilita sulla base dello statuto politico, giuridico o internazionale del paese o del territorio cui una persona appartiene, sia indipendente, o sottoposto ad amministrazione fiduciaria o non autonomo, o soggetto a qualsiasi altra limitazione di sovranità.

Articolo 3. Ogni individuo ha diritto alla vita, alla libertà e alla sicurezza della propria persona.

Articolo 4. Nessun individuo potrà essere tenuto in stato di schiavitù o di servitù; la schiavitù e la tratta degli schiavi saranno proibite sotto qualsiasi forma.

Articolo 5. Nessun individuo potrà essere sottoposto a tortura o a trattamenti o a punizioni crudeli, inumani o degradanti.

Articolo 6. Ogni individuo ha diritto, in ogni luogo, al riconoscimento della sua personalità giuridica.

Articolo 7. Tutti sono eguali dinanzi alla legge e hanno diritto, senza alcuna discriminazione, a una eguale tutela da parte della legge. Tutti hanno diritto a una eguale tutela contro ogni discriminazione che violi la presente Dichiarazione come contro qualsiasi incitamento a tale discriminazione.

Articolo 8. Ogni individuo ha diritto a un'effettiva possibilità di ricorso a competenti tribunali nazionali contro atti che violino i diritti fondamentali a lui riconosciuti dalla costituzione o dalla legge.

Articolo 9. Nessun individuo potrà essere arbitrariamente arrestato, detenuto o esiliato.

Articolo 10. Ogni individuo ha diritto, in posizione di piena eguaglianza, a una equa e pubblica udienza davanti a un tribunale indipendente e imparziale, al fine della determinazione dei suoi diritti e dei suoi doveri, nonché della fondatezza di ogni accusa penale che gli venga rivolta.

Articolo 11. Ogni individuo accusato di un reato è presunto innocente sino a che la sua colpevolezza non sia stata provata legalmente in un pubblico processo nel quale egli abbia avuto tutte le garanzie necessarie per la sua difesa.

Nessun individuo sarà condannato per un comportamento commissivo od omissivo che, al momento in cui sia stato perpetrato, non costituisse reato secondo il diritto interno o secondo il diritto internazionale. Non potrà del pari essere inflitta alcuna pena superiore a quella applicabile al momento in cui il reato sia stato commesso.

Articolo 12. Nessun individuo potrà essere sottoposto a interferenze arbitrarie nella sua vita privata, nella sua famiglia, nella sua casa, nella sua corrispondenza, né a lesione del suo onore e della sua reputazione. Ogni individuo ha diritto a essere tutelato dalla legge contro tali interferenze o lesioni.

Articolo 13. Ogni individuo ha diritto alla libertà di movimento e di residenza entro i confini di ogni Stato.

Ogni individuo ha diritto di lasciare qualsiasi paese, incluso il proprio, e di ritornare nel proprio paese.

Articolo 14. Ogni individuo ha il diritto di cercare e di godere in altri paesi asilo dalle persecuzioni.

Questo diritto non potrà essere invocato qualora l'individuo sia realmente ricercato per reati non politici o per azioni contrarie ai fini e ai principi delle Nazioni unite.

Articolo 15. Ogni individuo ha diritto a una cittadinanza.

Nessun individuo potrà essere arbitrariamente privato della sua cittadinanza, né del diritto di mutare cittadinanza.

Articolo 16. Uomini e donne in età adatta hanno il diritto di sposarsi e di fondare una famiglia, senza alcuna limitazione di razza, cittadinanza o religione. Essi hanno eguali diritti riguardo al matrimonio, durante il matrimonio e all'atto del suo scioglimento.

Il matrimonio potrà essere concluso soltanto con il libero e pieno consenso dei futuri coniugi.

La famiglia è il nucleo naturale e fondamentale della società e ha diritto a essere protetta dalla società e dallo Stato.

Articolo 17. Ogni individuo ha il diritto ad avere una proprietà sua personale o in comune con altri.

Nessun individuo potrà essere arbitrariamente privato della sua proprietà.

Articolo 18. Ogni individuo ha diritto alla libertà di pensiero, di coscienza e di religione; tale diritto include la libertà di cambiare di religione o di credo, e la libertà di manifestare, isolatamente o in comune, e sia in pubblico che in privato, la propria religione o il proprio credo nell'insegnamento, nelle pratiche, nel culto e nell'osservanza dei riti.

Articolo 19. Ogni individuo ha diritto alla libertà di opinione e di espressione incluso il diritto di non essere molestato per la propria opinione e quello di cercare, ricevere e diffondere informazioni e idee attraverso ogni mezzo e senza riguardo a frontiere.

Articolo 20. Ogni individuo ha diritto alla libertà di riunione e di associazione pacifica.

Nessuno può essere costretto a far parte di un'associazione.

Articolo 21. Ogni individuo ha diritto di partecipare al governo del proprio paese, sia direttamente, sia attraverso rappresentanti liberamente scelti.

Ogni individuo ha diritto di accedere in condizioni di eguaglianza ai pubblici impieghi del proprio paese.

La volontà popolare è il fondamento dell'autorità del governo; tale volontà deve essere espressa attraverso periodiche e veritiere elezioni, effettuate a suffragio universale ed eguale, e a voto segreto, o secondo una procedura equivalente di libera votazione.

Articolo 22. Ogni individuo, in quanto membro della società, ha diritto alla sicurezza sociale, nonché alla realizzazione attraverso lo sforzo nazionale e la cooperazione internazionale e in rapporto con l'organizzazione e le risorse di ogni Stato, dei diritti economici, sociali e culturali indispensabili alla sua dignità e al libero sviluppo della sua personalità.

Articolo 23. Ogni individuo ha diritto al lavoro, alla libera scelta dell'impiego, a giuste e soddisfacenti condizioni di lavoro e alla protezione contro la disoccupazione.

Ogni individuo, senza discriminazione, ha diritto a eguale retribuzione per eguale lavoro.

Ogni individuo che lavora ha diritto a una remunerazione equa e soddisfacente che assicuri a lui stesso e alla sua famiglia una esistenza conforme alla dignità umana e integrata, se necessario, da altri mezzi di protezione sociale.

Ogni individuo ha diritto di fondare dei sindacati e di aderirvi per la difesa dei propri interessi.

Articolo 24. Ogni individuo ha diritto al riposo e allo svago, comprendendo in ciò una ragionevole limitazione delle ore di lavoro e ferie periodiche retribuite.

Articolo 25. Ogni individuo ha diritto a un tenore di vita sufficiente a garantire la salute e il benessere proprio e della sua famiglia, con particolare riguardo all'alimentazione, al vestiario, all'abitazione, alle cure mediche e ai servizi sociali necessari; e ha diritto alla sicurezza in caso di disoccupazione, malattia, invalidità, vedovanza, vecchiaia o in ogni altro caso di perdita di mezzi di sussistenza per circostanze indipendenti dalla sua volontà.

La maternità e l'infanzia hanno diritto a speciali cure e assistenza. Tutti i bambini, nati nel matrimonio o fuori di esso, devono godere della stessa protezione sociale.

Articolo 26. Ogni individuo ha diritto all'istruzione. L'istruzione deve essere gratuita almeno per quanto riguarda le classi elementari e fondamentali. L'istruzione elementare deve essere obbligatoria. L'istruzione tecnica e professionale deve essere messa alla portata di tutti e l'istruzione superiore deve essere egualmente accessibile a tutti sulla base del merito.

L'istruzione deve essere indirizzata al pieno sviluppo della personalità umana e al rafforzamento del rispetto dei diritti umani e delle libertà fondamentali. Essa deve promuovere la comprensione, la tolleranza, l'amicizia fra tutte le Nazioni, i gruppi razziali e religiosi, e deve favorire l'opera delle Nazioni unite per il mantenimento della pace.

I genitori hanno diritto di priorità nella scelta del genere di istruzione da impartire ai loro figli.

Articolo 27. Ogni individuo ha diritto di prendere parte liberamente alla vita culturale della comunità, a godere delle arti e a partecipare al progresso scientifico e ai suoi benefici.

Ogni individuo ha diritto alla protezione degli interessi morali e materiali derivanti da ogni produzione scientifica, letteraria e artistica di cui egli sia autore.

Articolo 28. Ogni individuo ha diritto a un ordine sociale e internazionale nel quale i diritti e le libertà enunciati in questa Dichiarazione possano essere pienamente realizzati.

Articolo 29. Ogni individuo ha dei doveri verso la comunità, nella quale soltanto è possibile il libero e pieno sviluppo della sua personalità.

Nell'esercizio dei suoi diritti e delle sue libertà, ognuno deve essere sottoposto soltanto a quelle limitazioni che sono stabilite dalla legge per assicurare il riconoscimento e il rispetto dei diritti e delle libertà degli altri e per soddisfare le giuste esigenze della morale, dell'ordine pubblico e del benessere generale in una società democratica.

Questi diritti e queste libertà non possono in nessun caso essere esercitati in contrasto con i fini e principi delle Nazioni unite.

Articolo 30. Nulla nella presente Dichiarazione può essere interpretato nel senso di implicare un diritto di un qualsiasi Stato, gruppo o persona di esercitare un'attività o di compiere un atto mirante alla distruzione di alcuno dei diritti e delle libertà in essa enunciati.

Indice

9	1. Gafur
11	2. Notizia di agenzia
16	3. Sciacalli vecchi e nuovi
20	4. Scontro di civiltà
24	5. Fuga da Kabul
28	6. Consiglieri e alleati
33	7. Cieli e montagne
39	8. Weekend a Chitral
44	9. Clandestini e militari
53	10. Verso il tetto del mondo
58	11. Il doppio confine dell'Hindukush
64	12. La via delle armi
72	13. In Panchir
76	14. Bombardamenti
81	15. Aspettando il mullah
87	16. Charikar e dintorni
92	17. Ci vediamo giovedì
101	18. Il fronte
110	19. Kabul
117	20. Vuoto di potere
125	21. Una lunga notte
131	22. Il giorno dopo
137	23. Un combattente ferito
143	24. Il circo

150	25. Donne e madri
154	26. In cella
158	27. A scuola
162	28. Discorsi afgani...
166	29. ...e sogni
168	*Cara Cecilia*
171	*Nota dell'Autore*
173	*Dichiarazione universale dei diritti umani*

Ultimi volumi pubblicati in "Universale Economica"

Rossana Campo, *Più forte di me*
Osamu Dazai, *Il sole si spegne*
Erwin Panofsky, *Rinascimento e rinascenze nell'arte occidentale*
Sharon Maxwell, *È ora di parlarne*. Quel che i figli devono sapere dai genitori sul sesso
Rabindranath Tagore, *Il paniere di frutta*. A cura di B. Neroni
Ernesto Ferrero, *I migliori anni della nostra vita*
Giovanni Pesce, *Quando cessarono gli spari*. 23 aprile-6 maggio 1945: la liberazione di Milano
Yukio Mishima, *Neve di primavera*
Ryszard Kapuściński, *Giungla polacca*. Prefazione di A. Orzeszek
Abdourahman A. Waberi, *Gli Stati Uniti d'Africa*
Stefano Benni, *La grammatica di Dio*. Storie di solitudine e allegria
Banana Yoshimoto, *Il coperchio del mare*
Marcela Serrano, *I quaderni del pianto*
Benedetta Cibrario, *Rossovermiglio*
Domenico Starnone, *Prima esecuzione*
A.M. Homes, *La figlia dell'altra*
J.G. Ballard, *Regno a venire*
Osamu Dazai, *Lo squalificato*
Richard Ford, *Donne e uomini*
Christoph Ransmayr, *Il Mondo Estremo*
Will Ferguson, *Autostop con Buddha*. Viaggio attraverso il Giappone
Duilio Giammaria, *Seta e veleni*. Racconti dall'Asia Centrale
Michel Foucault, *Gli anormali*. Corso al Collège de France (1974-1975)
Serge Latouche, *La scommessa della decrescita*
Gerd B. Achenbach, *La consulenza filosofica*. La filosofia come opportunità di vita

Khyentse Norbu, *Sei sicuro di non essere buddhista?*
Grazia Verasani, *Velocemente da nessuna parte*
Alessandro Baricco, *L'anima di Hegel e le mucche del Wisconsin.* Una riflessione su musica colta e modernità
Yukio Mishima, *Colori proibiti*
Gianluca Bocchi, Mauro Ceruti, *Origini di storie*
Howard Gardner, *Sapere per comprendere.* Discipline di studio e disciplina della mente
Licia Pinelli, Piero Scaramucci, *Una storia quasi soltanto mia*
Edward W. Said, *Sempre nel posto sbagliato.* Autobiografia
Stefano Rodotà, *La vita e le regole.* Tra diritto e non diritto. Edizione ampliata
Ippolita Avalli, *La Dea dei baci*
Gino & Michele, *Neppure un rigo in cronaca*
Allan Bay, *Cuochi si diventa*
Charles Bukowski, *Musica per organi caldi.* Nuova traduzione
Manuel Puig, *Il bacio della donna ragno*
A.M. Homes, *La sicurezza degli oggetti*
Yukio Mishima, *A briglia sciolta*
Calixthe Beyala, *Gli alberi ne parlano ancora*
Isabel Allende, *La somma dei giorni*
Daniel Pennac, *Diario di scuola*
Amos Oz, *La vita fa rima con la morte*
Jonathan Coe, *Questa notte mi ha aperto gli occhi*
Cristina Comencini, *L'illusione del bene*
Manuel Vázquez Montalbán, *Pamphlet dal pianeta delle scimmie*
Paolo Villaggio, *Storia della libertà di pensiero*
Eva Cantarella, *L'ambiguo malanno.* Condizione e immagine della donna nell'antichità greca e romana
Agostino Lombardo, *Lettura del Macbeth.* A cura di R. Colombo
Tomás Maldonado, *Arte e artefatti.* Intervista di Hans Ulrich Obrist
Gherardo Colombo, *Sulle regole*
Ernst Bloch, *Thomas Münzer teologo della rivoluzione*
Eduard Estivill, *Dormi, bambino, dormi.* Guida rapida al sonno dei bambini
Stephanie Kaza, *Consapevolmente verdi.* Una guida personale e spirituale alla visione globale del nostro pianeta
Osho, *Una risata vi risveglierà.* Commenti al Dhammapada di Gautama il Buddha
Gianni Celati, *Sonetti del Badalucco nell'Italia odierna*
José Saramago, *Il vangelo secondo Gesù Cristo*
José Saramago, *L'anno della morte di Ricardo Reis*

José Saramago, *L'uomo duplicato*
Banana Yoshimoto, *Chie-chan e io*
Nadine Gordimer, *Beethoven era per un sedicesimo nero*
Giulia Carcasi, *Io sono di legno*
Muhammad Yunus, *Un mondo senza povertà*
Gianni Vattimo, Pier Aldo Rovatti (a cura di), *Il pensiero debole*
Pema Chödrön, *Senza via di scampo*. La via della saggezza e della gentilezza amorevole
J.G. Ballard, *I miracoli della vita*
Peppe Dell'Acqua, *Fuori come va?* Famiglie e persone con schizofrenia. Manuale per un uso ottimistico delle cure e dei servizi
José Saramago, *Cecità*
José Saramago, *Una terra chiamata Alentejo*
Simone van der Vlugt, *La ragazza che viene dal passato*
Robert L. Wolke, *Einstein al suo cuoco la raccontava così*
Ryszard Kapuściński, *Ancora un giorno*
Giorgio Bettinelli, *La Cina in Vespa*
Bernard Ollivier, *Verso Samarcanda*. La lunga marcia II
Stefano Tomassini, *Amor di Corsica*. Viaggi di terra, di mare e di memoria
Anna Funder, *C'era una volta la Ddr*
Altman racconta Altman. A cura di D. Thompson
David Brun-Lambert, *Nina Simone*. Una vita
Amos Oz, *Una pantera in cantina*
Yukio Mishima, *Il sapore della gloria*
Enrique Vila-Matas, *Storia abbreviata della letteratura portatile*
Isaiah Berlin, *Libertà*. A cura di H. Hardy. Con un saggio di I. Harris su Berlin e i suoi critici. Edizione italiana a cura di M. Ricciardi
Lucia Tilde Ingrosso, *Io so tutto di lei*
Emily Anthes & Scientific American, *Guida rapida per cervelloni: la mente*
Ernesto Sabato, *Il tunnel*
Francesco Gesualdi, Centro Nuovo Modello di Sviluppo, *Sobrietà*. Dallo spreco di pochi ai diritti per tutti
Luca Evangelisti, *Mai più paura di volare*. Come vincere per sempre la fobia dell'aereo
Salvatore Veca, *La bellezza e gli oppressi*. Dieci lezioni sull'idea di giustizia. Edizione ampliata
Howard Gardner, *Formae mentis*. Saggio sulla pluralità dell'intelligenza
Krishnananda, Amana, *Sesso e intimità*. Accogliere e superare paure e insicurezze per vivere al meglio la vita di coppia

A.M. Homes, *Jack*
Doris Lessing, *Alfred e Emily*
Pino Cacucci, *Nahui*
Loredana Lipperini, *Ancora dalla parte delle bambine*
Michel Foucault, *Il potere psichiatrico*. Corso al Collège de France (1973-1974)
Salwa al-Neimi, *La prova del miele*
Salvatore Natoli, *Soggetto e fondamento*. Il sapere dell'origine e la scientificità della filosofia
Gad Lerner, *Operai*. Viaggio all'interno della Fiat. La vita, le case, le fabbriche di una classe che non c'è più. Nuova edizione
Ahmed Rashid, *Talebani*. Islam, petrolio e il Grande scontro in Asia centrale. Nuova edizione ampliata e aggiornata
Krishnananda, Amana, *A tu per tu con la paura*. Vincere le proprie paure per imparare ad amare. Nuova edizione
Simonetta Agnello Hornby, *Vento scomposto*
Daniel Barenboim, *La musica sveglia il tempo*
Manuel Vázquez Montalbán, *Storie di politica sospetta*
José Saramago, *Tutti i nomi*
José Saramago, *La zattera di pietra*. Nuova edizione ampliata
Eva Cantarella traduce *Le canzoni di Bilitis* di Pierre Louÿs
Jesper Juul, *La famiglia è competente*. Consapevolezza, autostima, autonomia: crescere insieme ai figli che crescono
Paolo Rumiz, *L'Italia in seconda classe*. Con i disegni di Altan e una Premessa del misterioso 740
Edoardo Sanguineti, *Il gatto lupesco*. Poesie 1982-2001
Edoardo Sanguineti, *Segnalibro*. Poesie 1951-1981
Zygmunt Bauman, *Le sfide dell'etica*
Francesca Ferrando, *Belle anime porche*
Isabel Allende, *L'isola sotto il mare*
Erri De Luca, *Il giorno prima della felicità*
Giuliana Mieli, *Il bambino non è un elettrodomestico*. Gli affetti che contano per crescere, curare, educare
José Saramago, *Viaggio in Portogallo*
José Saramago, *Manuale di pittura e calligrafia*
Umberto Galimberti, *Il segreto della domanda*. Intorno alle cose umane e divine. Opere XVIII
Stefano Benni, *Pane e tempesta*
Ryszard Kapuściński, *Nel turbine della storia*. Riflessioni sul XXI secolo. A cura di K. Strączek
Wynton Marsalis, *Come il jazz può cambiarti la vita*
Dhammapada. La via del Buddha. Traduzione e cura di G. Pecunia

Yukio Mishima, *Il Tempio dell'alba*
Eva Cantarella, *Dammi mille baci*. Veri uomini e vere donne nell'antica Roma
Dalai Lama, *Il mio Tibet libero*
Raj Patel, *I padroni del cibo*
Howard Gardner, *Cinque chiavi per il futuro*
Ingo Schulze, *33 attimi di felicità*. Dagli avventurosi appunti di un tedesco a Pietroburgo
Michele Serra, *Breviario comico*. A perpetua memoria. Nuova edizione ampliata
Jean Baudrillard, *Le strategie fatali*
Massimo Cirri, *A colloquio*. Tutte le mattine al Centro di Salute Mentale
Lorella Zanardo, *Il corpo delle donne*
Imre Kertész, *Fiasco*
Vandana Shiva, *Il bene comune della Terra*
Michel Foucault, *L'ermeneutica del soggetto*. Corso al Collège de France (1981-1982)
Pino Cacucci, *Le balene lo sanno*. Viaggio nella California messicana. Con le fotografie di A. Poli
Arnon Grunberg, *Lunedì blu*
Osho, *Scolpire l'immenso*. Discorsi sul mistico sufi Hakim Sanai
Albert O. Hirschman, *Le passioni e gli interessi*. Argomenti politici in favore del capitalismo prima del suo trionfo
Bert Hellinger, *Riconoscere ciò che è*. La forza rivelatrice delle costellazioni familiari. Dialoghi con Gabriella Ten Hövel
Richard Overy, *Sull'orlo del precipizio*. 1939. I dieci giorni che trascinarono il mondo in guerra
Pierre Kalfon, *Il Che*. Una leggenda del secolo. Prefazione di M. Vázquez Montalbán
Carlo Ginzburg, *Occhiacci di legno*. Nove riflessioni sulla distanza
Giorgio Candeloro, *Storia dell'Italia moderna*. Volume quarto. Dalla rivoluzione nazionale all'Unità. 1849-1860
Giovanni De Luna, *Le ragioni di un decennio*. 1969-1979. Militanza, violenza, sconfitta, memoria
Paolo Rumiz, *Maschere per un massacro*. Quello che non abbiamo voluto sapere della guerra in Jugoslavia. Con una nuova introduzione dell'autore
Alessandro Carrera, *La voce di Bob Dylan*. Una spiegazione dell'America. Nuova edizione riveduta e ampliata
Marco Archetti, *Maggio splendeva*
Gad Lerner, *Scintille*. Una storia di anime vagabonde

Nick Cave, *La morte di Bunny Munro*
José Saramago, *La seconda vita di Francesco d'Assisi* e altre opere teatrali
José Saramago, *Saggio sulla lucidità*
Lao Tzu, *Tao Te Ching*. Una guida all'interpretazione del libro fondamentale del taoismo. A cura di A. Shantena Sabbadini
Manuel Vázquez Montalbán, *Assassinio a Prado del Rey* e altre storie sordide
Paolo Fresu, *Musica dentro*
Tim Burton, *Burton racconta Burton*. Prefazione di J. Depp. A cura di M. Salisbury
Antonio Tabucchi, *Il tempo invecchia in fretta*. Nove storie
Banana Yoshimoto, *Delfini*
Douglas Lindsay, *Il monastero dei lunghi coltelli*
Ilvo Diamanti, *Sillabario dei tempi tristi*. Nuova edizione aggiornata e ampliata
Renata Scola, Francesca Valla, *S.O.S. Tata*. Tutti i consigli, le regole e le ricette delle tate per crescere ed educare bambini consapevoli e felici
Federico Moccia, *Amore 14*
Amos Oz, *Una pace perfetta*
'Ala al-Aswani, *Chicago*
Osho, *La danza della luce e delle ombre*
Giovanni Filocamo, *Mai più paura della matematica*. Come fare pace con numeri e formule. Prefazione di F. Honsell
Eugenio Borgna, *Le emozioni ferite*
Jesper Juul, *I no per amare*. Comunicare in modo chiaro ed efficace per crescere figli forti e sicuri di sé
Gianni Celati, *Avventure in Africa*
Gianni Celati, *Verso la foce*
Paolo Rumiz, *La leggenda dei monti naviganti*
Salvatore Natoli, *Nietzsche e il teatro della filosofia*
Domenico Novacco, *L'officina della Costituzione italiana*. 1943-1948
Giorgio Candeloro, *Storia dell'Italia moderna*. Vol. III. La rivoluzione nazionale. 1846-1849
Alessandro Baricco, *Emmaus*
Iaia Caputo, *Le donne non invecchiano mai*
Pino Corrias, *Vita agra di un anarchico*. Luciano Bianciardi a Milano. Nuova edizione
Gioconda Belli, *L'infinito nel palmo della mano*
Cristina di Belgiojoso, *Il 1848 a Milano e a Venezia*. Con uno scritto sulla condizione delle donne. A cura di S. Bortone

Ettore Lo Gatto, *Il mito di Pietroburgo*. Storia, leggenda, poesia
Adriano Prosperi, *L'eresia del Libro Grande*. Storia di Giorgio Siculo e della sua setta
Eva Cantarella, *I supplizi capitali*. Origini e funzioni delle pene di morte in Grecia e nell'antica Roma. Nuova edizione rivista
David Trueba, *Saper perdere*. Traduzione di P. Cacucci
T.C. Boyle, *Le donne*
Henri Bergson, *Il riso*. Saggio sul significato del comico
Jean-Pierre Vernant, *Le origini del pensiero greco*
Claudia Piñeiro, *Tua*
Paolo Sorrentino, *Hanno tutti ragione*
Daniel Glattauer, *Le ho mai raccontato del vento del Nord*
Franca Cavagnoli, *La voce del testo*. L'arte e il mestiere di tradurre
Gianni Celati, *Quattro novelle sulle apparenze*
Gianni Celati, *Narratori delle pianure*
Enrico Deaglio, *La banalità del bene*. Storia di Giorgio Perlasca. Con una nuova introduzione dell'autore
Allan Bay, *Le ricette degli altri*. Scorribande fra i piatti e i sapori di tutto il mondo
Yukio Mishima, *La decomposizione dell'angelo*
Henri Margaron, *Le droghe spiegate a mia figlia*
Alberto Pellai, *Questa casa non è un albergo!* Adolescenti: istruzioni per l'uso
Umberto Galimberti, *I miti del nostro tempo*. Opere XIX
Noboru B. Muramoto, *Il medico di se stesso*. Manuale pratico di medicina orientale. Nuova edizione completamente rivista
Theodore S. Hamerow, *Perché l'Olocausto non fu fermato*. Europa e America di fronte all'orrore nazista
Pensaci, uomo! A cura di Piero Caleffi e Albe Steiner
José Saramago, *Caino*
Piergiorgio Paterlini, *Ragazzi che amano ragazzi*. 1991-2011
Paul Bowles, *La casa del ragno*
Massimo Piattelli Palmarini, Jerry Fodor, *Gli errori di Darwin*
Giorgio Bocca, *Il provinciale*. Settant'anni di vita italiana
Benedetta Cibrario, *Sotto cieli noncuranti*
Nino Bergese, *Mangiare da re*. 520 ricette d'alto rango
Chico Buarque, *Latte versato*
Raymond Chandler, *Vento rosso* e altri racconti
Il Libro dei morti tibetano. Bardo Thödol. A cura di U. Leonzio
John Rawls, *Lezioni di storia della filosofia politica*. A cura di S. Freeman. Nota all'edizione italiana di S. Veca
Pema Chödrön, *Se il mondo ti crolla addosso*. Consigli dal cuore per i tempi difficili

Susan Abulhawa, *Ogni mattina a Jenin*
Nelson Mandela, *Le mie fiabe africane*
Gerd B. Achenbach, *Il libro della quiete interiore*. Trovare l'equilibrio in un mondo frenetico
Alessandro Portelli, *L'ordine è già stato eseguito*. Roma, le Fosse Ardeatine, la memoria
Charles Bukowski, *Pulp*. Una storia del XX secolo. Nuova edizione
Charles Bukowski, *Hollywood, Hollywood!* Nuova edizione
José Saramago, *Don Giovanni* o Il dissoluto assoluto
Richard Sennett, *L'uomo artigiano*
Adam Soboczynski, *L'arte di non dire la verità*
Giorgio Bassani, *Cinque storie ferraresi*. Dentro le mura
Giorgio Bassani, *Il giardino dei Finzi-Contini*
Marcela Serrano, *Dieci donne*
José Saramago, *Le intermittenze della morte*
John Cheever, *Bullet Park*
John Cheever, *Cronache della famiglia Wapshot*
Tishani Doshi, *Il piacere non può aspettare*
Jonathan Coe, *I terribili segreti di Maxwell Sim*
Jesper Juul, *La famiglia che vogliamo*. Nuovi valori guida nell'educazione dei figli e nei rapporti di coppia
Michel Foucault, *Nascita della biopolitica*. Corso al Collège de France (1978-1979)
Mimmo Franzinelli, *Delatori*. Spie e confidenti anonimi: l'arma segreta del regime fascista
Amos Oz, *Scene dalla vita di un villaggio*
Amos Oz, *Il monte del Cattivo Consiglio*
Josephine Hart, *La verità sull'amore*
Andrea Camilleri, Jacques Cazotte, *Il diavolo*. Tentatore. Innamorato
Pino Cacucci, *Vagabondaggi*
Maurizio Maggiani, *Meccanica celeste*
Keith Richards, *Life*. Con James Fox
Marcello Ravveduto, *Libero Grassi*. Storia di un'eresia borghese
Alberto Di Stefano, *Il giro del mondo in barcastop*
Tiziano Ferro, *Trent'anni e una chiacchierata con papà*
Ernest Hatch Wilkins, *Vita del Petrarca*. Nuova edizione. A cura di L.C. Rossi
Raj Patel, *Il valore delle cose* e le illusioni del capitalismo
Kenkō, *Ore d'ozio*. A cura di M. Muccioli
Banana Yoshimoto, *Un viaggio chiamato vita*
Salwa al-Neimi, *Il libro dei segreti*
Simonetta Agnello Hornby, *La monaca*

Muhammad Yunus, *Si può fare!* Come il business sociale può creare un capitalismo più umano
Loredana Lipperini, *Non è un paese per vecchie*
José Saramago, *L'anno mille993*
Eugenio Borgna, *Noi siamo un colloquio*. Gli orizzonti della conoscenza e della cura in psichiatria
Gianni Celati, *Passar la vita a Diol Kadd*. Diari 2003-2006. Nuova edizione
Richard Ford, *Lo stato delle cose*
Alessandro Volta, *Mi è nato un papà*. Anche i padri aspettano un figlio
John Savage, *L'invenzione dei giovani*
Pino Corrias, *Il contabile e le murene*. Con l'adattamento di S. Ferrentino
Sandrone Dazieri, *Le madri atroci*. Con l'adattamento di S. Ferrentino
Paolo Rumiz, *La cotogna di Istanbul*. Ballata per tre uomini e una donna riscritta per musica nuova
Grazia Verasani, *Di tutti e di nessuno*
Giulia Carcasi, *Tutto torna*
Nataša Dragnić, *Ogni giorno, ogni ora*
Alejandro Jodorowsky, *Cabaret mistico*
Eduard Estivill, Yolanda Sáenz de Tejada, *Andiamo a giocare*. Imparare le buone abitudini divertendosi
Angelo Vaira, *Dritto al cuore del tuo cane*. Come conoscerlo, educarlo e costruire con lui una relazione perfetta
Richard Wilkinson, Kate Pickett, *La misura dell'anima*. Perché le diseguaglianze rendono le società più infelici
Michael Sandel, *Giustizia*. Il nostro bene comune
Guido Crainz, *Autobiografia di una repubblica*. Le radici dell'Italia attuale
Roberto Saviano, *Vieni via con me*
Isabel Allende, *Il quaderno di Maya*
Alessandro Baricco, *Mr Gwyn*
Claudia Piñeiro, *Betibú*
Cristina Comencini, *Quando la notte*
Amos Oz, *Soumchi*
Daniel Glattauer, *La settima onda*
Massimo Ciancimino, Domenico La Licata, *Don Vito*. Le relazioni segrete tra Stato e mafia nel racconto di un testimone d'eccezione. Con la testimonianza di G. Ciancimino
Charles Bukowski, *Azzeccare i cavalli vincenti*
Paolo Di Paolo, *Dove eravate tutti*